DMOの
プレイス・
ブランディング

観光デスティネーションのつくり方

宮崎裕二
岩田　賢
編著

長崎秀俊
光畑彰二
山本さとみ
武田光弘
辻野啓一
佐野直哉
加藤英彦
西松卓哉
著

PLACE
BRANDING

JN058784

学芸出版社

巻頭の辞

　「ブランド」は、経営における最も戦略価値のある無形資産と言われている。現代社会において、ブランド価値を最大化するプロセスである「ブランディング」は、今後ますますその重要性を高めていくだろう。

　一方、最近、「レジリエンス（resilience）」という言葉をよく耳にする。「復元力」「回復力」「弾力」などと訳されるが、近年は「困難な状況にもかかわらず、しなやかに適応して生き延びる力」という心理学的な意味に加え、経営学や組織論など幅広い分野で使われるようになりつつある。

　2020 年に入り、我々は新型コロナウイルスの脅威にさらされている。世界的規模で移動制限が実施され、航空便の大幅な減便が行われるなど、観光への著しい影響がすでに表れており、さらにこの先いつまで続くか予断を許さない状況にある。

　2011 年の東日本大震災の際には、暴動やパニックを起こすことなく、前向きかつ着実に復興に全力を注ぐ日本人の姿が国外にも報道され、強力なレジリエンスを有する国として世界から賞賛を得た。また、世界に目を向けると、2001 年のアメリカ同時多発テロ、2008 年のリーマン・ショックなどの深刻な危機に対して、強力なレジリエンスでもってこれらを克服した。このように我々人類は、はるか昔からレジリエンスを高めつつ、未曽有の困難をいくつも乗り越え、進歩・発展を繰り返してきたのである。こうした歴史に鑑みれば、いずれ遠くない将来にウイルスの脅威に打ち克ち、観光需要は回復するはずだ。

　どんなに Wi-Fi 等の受入環境が整っていても、訪問目的がなければ観光客はやってこない。現に、外国人観光客は、訪問目的があれば日本の隅々にまで何らかの手段を用いて自力でやってきている。観光における「レジリエンス」の 1 つが、「観光地のブランド化」による訪問目的の提供ではないだろうか。

　このコロナ禍を乗り越えた「ポスト・コロナ」の世界においては、人々の価値観やライフスタイルが変わり、観光や移動に対する行動もまた変容する

ことだろう。しかしながら、こうした中にあっても、「ブランド」という無形資産の本質的な価値は失われないものと確信する。

　本書は、2019年に運輸総合研究所内に設置し、当研究所の研究員が主体的に参画した「プレイス・ブランディング研究会」の研究成果を結実させたものである。本書が、差別化・集客等の課題に直面している現場の観光実務担当者の役に立つノウハウを提供するとともに、観光について学ぶ学生をはじめとして広く観光や地域振興に関わる方々にとって一助となることを期待したい。

　2020年4月

一般財団法人 運輸総合研究所

会長　宿利正史

はじめに

　日本政府観光局（JNTO）によると、日本を訪れる外国人の数は、2018年時点で年間3千万人を突破している。政府は、2020年までに4千万人、2030年までに6千万人の目標を掲げている。

　一方、外国人観光客が増加傾向にあるのは日本だけにとどまらない。国連世界観光機関（UNWTO）は、2030年までに年間18億人が国境を超えて観光すると予測しており、その数は世界的に右肩上がりの様相を呈している。そして、こうした国際的な観光客の増加が観光地間の競争を激化させている。

　このような昨今の訪日客の増加、観光地間の競争の熾烈化の動きを受けて、日本では国・地域のブランドを構築・強化し、世界に発信していく動きが急速に高まっている。そこで新たな観光の取り組みとして世界的に注目を集めているのが「プレイス・ブランディング」である。観光地全体の価値を高めるには、集客だけを目的とする従来の「デスティネーション・ブランディング」だけでは事足りない。そこには、「文化」「芸術」「伝統」への共感、「住民」の魅力の創出、「環境」への配慮、「社会」への貢献、さらには「輸出」「対日投資」「留学生誘致」への寄与といった様々な観点から「プレイス」のブランドを構築していく「プレイス・ブランディング」の視点が不可欠である。

　日本においては、ブランド研究の第一人者である田中洋氏が、著書『ブランド戦略全書』（2014年、有斐閣）において、国・地域間のグローバル競争が激化し、観光客の獲得競争が熾烈化するなか、イギリスや韓国をはじめとして国・地域ブランディングが国家の支援によって活発に行われるようになっていると問題提起し、その後マーケティングやブランドの研究者の間でプレイス・ブランディングへの関心は着実に高まりを見せている。ところが、残念なことに、日本のDMOを含む観光業界では、このプレイス・ブランディング関する議論がまだまだ高まりを見せていないのが現状である。また、プレイス・ブランディングが「地域ブランディング」と捉えられ、「プレイス」の観点から取り組みが展開されず、地域特産品に関するプロモーションや一

4

過性のイベント開催に終始しているような事例も散見される。世界的には1990年代後半から議論され、各地のDMOで実践されているプレイス・ブランディングだが、日本はその潮流に乗り遅れていないだろうか。

　こうしたプレイス・ブランディングを取り巻く現状を受け、2019年3月、一般財団法人運輸総合研究所内に「プレイス・ブランディング研究会」が設立された。メンバーは、ブランドや文化創造マネジメント、サービス・マーケティングを専門とする大学教員、大手ブランドコンサルティング会社のコンサルタントに加えて、海外DMOの実務経験者と有識者、日本政府・都道府県・都市単位のDMOの実務経験者らで構成され、「プレイス・ブランディングを言葉として普及させていく必要性があるのではないか」「グローバルな視野からプレイス・ブランディングを相対化しつつ、理論と実践の両輪から研究していく必要があるのではないか」という問題意識を共有しながら、日本におけるプレイス・ブランディングのあり方について多様な視点から議論が展開された。

　その研究会での成果をまとめた本書では、ブランド理論に加えて、海外を中心とした国単位・地域単位・都市単位のDMOの先駆的事例を紹介している。1章でブランドの基礎を整理した上で、2章ではプレイス・ブランディングとDMOを概観する。続く3章では、DMOで実際にプレイス・ブランディングを適用していくために必要な10の手法について述べる。

　4章では、国内外のDMOとしてイギリス、ニュージーランド、アメリカのハワイ州とカリフォルニア州、オーランド市（フロリダ州）、岐阜県、京都市を取り上げ、各地のDMOで具体的にどのような取り組みが実践されているのかを紹介していく。

　ここで取り上げている海外のDMOでは、ブランド戦略が一定の思想や理念に裏づけられており、スタッフだけでなく、外部のステークホルダーやビジネス・パートナー、時には地域住民にもそれらが共有されることで、一貫したメッセージが持続的に発信されている点が共通している。それゆえ、ロゴやホームページを作成すれば完了とするような一過性のプロモーションに依存していないことは注目に値するだろう。

これらを踏まえ、最終章である5章では、日本に焦点を当て、プレイス・ブランディングに関する課題の所在を明らかにした上で、日本で取り組みを進めていくにあたっての提言を示す。

　マーケティングは消費者に選ばれるための仕組みづくりであるのに対し、ブランディングは消費者に選ばれ続けるための仕組みづくりだと言われる。マーケティングの技法をうまく活用すれば、あるデスティネーションに一時的に一定数の観光客を呼び込むことは決して難しいことではない。難しいのは、その状態を持続させることである。ここにブランディングを学ぶ意義があるはずだ。

　各地で観光に携わる読者の皆さんが「プレイス・ブランディング」の考え方を効果的に取り入れ、自身のプレイスを持続的に盛り上げる取り組みを実践していく上で、本書がお役に立てば幸いである。

　2020年4月

宮崎裕二

目次

1章

ブランドとは

1　ブランドに対する 3 つの誤解

　現在我々が暮らす社会にはブランドがあふれている。ブランド物のバッグ
をはじめとして、高級ブランドの時計や車、そしてブランド野菜に、受験で
人気のブランド校と、あらゆるものにブランドが付きまとう。友人と買い物
中に休憩がしたくなったときには、「コーヒーを飲まない？」ではなく「ス
タバに行かない？」と声をかけ、運動後には「スポーツドリンクが飲みたい」
ではなく「ポカリ（スエット）が飲みたい」と思う。

　このように日常的に語られることの多いブランドであるが、その実態は正
しく理解されていない。実際のところ、「ブランドって何ですか」「ブランド
を言葉で説明してください」と問われて、即答できる人はまずないだろう。
我々は日々「ブランド」という言葉を、その中身をきちんと把握しないまま
に、何となくのイメージや雰囲気で使っているのである。

　本書のテーマである「ブランディング（Branding）」とは「ブランド
（Brand）」をつくり上げることだが、そもそもブランド自体を正しく理解し
ていなければ、ブランディングを理解できない。そこで、まずはブランドを
きちんと理解するところから始めることにしよう。

　その手始めとして、ここではブランドに対する 3 つの誤解を見てみよう
（表 1）。

表 1　ブランドに対する 3 つの誤解

	誤った理解	実態
1	ブランドとは欧米の高級ブランド品のこと である	1 次産品の野菜や魚、またティッシュペー パーまでもがブランドになる
2	ブランドとは商品に付いたネーミングやロ ゴマークのことである	企業やサービス、技術までもがブランドで あり、ネーミングやロゴマーク以上のもの である
3	ブランドとは広告などによりつくられたイ メージである	広告活動を行っていないグーグルなどもブ ランドである

1) 誤解1：ブランドとは欧米の高級ブランド品のことである

　一般的にこれが最も多い誤解かと思われるが、昔ながらの職人による優れた品質を保障する証しとしてブランドが発祥したという観点からすればまったく間違った認識というわけでもない。

　ルイ・ヴィトンは旅行用バッグをつくり、その品質が認められ現在の名声を得ている。その品質は、タイタニック号が沈没してもルイ・ヴィトンのバッグは沈まず、中身も濡れていなかったという逸話が残るほどである。また、エルメスは馬具の製造メーカーとして創業したが、馬車から自動車へと移行していく時代の変化に対して自社の馬具製造技術を革製品の製造に活用することで生き残りを図り、その上質な革製品は今や世界中で人気を博している。

　一流ブランドを所有している各メーカーには、往々にして製品にまつわるこうした歴史が残っているものである。しかし、多くの日本人が連想するブランド物は、高級ブランドのロゴマークが付いた商品全般と捉えられている傾向が強く、高品質な製品というよりも高価格でスタイリッシュなデザインの製品という認識にすり替わっているように思われる。

2) 誤解2：ブランドとは商品に付いたネーミングやロゴマークのことである

　最近は経済誌などでブランドランキングを見かけることがあるが、そこではコカ・コーラやスターバックス、アップル、BMW といった名前が並んでいる。また、街なかの広告やテレビにも、そういった名前があふれかえっている。その際に目の当たりにするのがロゴマークである。そのイメージが、「ブランド＝ロゴマーク」という誤解を生んでいる要因になっていると思われる。

　しかし、コカ・コーラや BMW は商品のネーミングであると同時に企業名でもある。したがって、ブランドは商品ではなく、企業に付与されることもある。また、JTB が販売しているパッケージツアーの「ルック JTB」や、クロネコヤマトの「クール宅急便」や「ゴルフ宅急便」などは、商品ではなくサービスにつけられたブランドであり、映画館で目にする「ドルビー」は音響の記録・再生技術につけられたブランドである。つまり、ブランドというのは、商品に限らず様々な形態のものにも付与されるものなのである。

一方、ロゴマークについて見てみよう。例えば、佐川急便では様々なサービスに「飛脚」という名称を付けて、「飛脚クール便」「飛脚メール便」「飛脚航空便」といった独自ブランドを展開しているが、これらのブランドには独自のロゴマークは存在しておらず、ホームページ上でも一般書体でサービスの名称が表記されている。とはいえ、ロゴマークがなくともブランド名に「飛脚」が付くことで独自性は充分に訴求されており、ブランドとして立派に成立している。ちなみに、競合企業のクロネコヤマトでは、「クール宅急便」や「ゴルフ宅急便」にも独自のロゴマークを採用している。

3）誤解3：ブランドとは広告などによりつくられたイメージである

　テレビなどで大量のCMを投下し、一気に企業名や商品名を認知させ、映像やストーリー、タレントなどの力を総動員してつくり上げられたイメージは人々に強い印象を残す。そのため、それをブランドと思いがちだが、この捉え方も正確ではない。

　現にグーグルやスターバックスなどは広告を出していないにもかかわらず、誰もが認める一流ブランドである。また、電気機器メーカーのキーエンスは企業間で取引を行うB to B（Business to Business）を実践しており、マス広告を展開しておらず、一般の消費者にはイメージが希薄かもしれないが、企業人には一流ブランドとして認知されている。このように、広告によってつくられたイメージだけがブランドではないのである。

　また、ブランドが単なるイメージの総体であるならば、企業がこぞって社内にブランド・マネジメント室やブランド戦略室などを立ち上げる必要はない。イメージを管理する宣伝部や広報室が行う仕事の範疇に収まるはずだからである。

　ブランド論の第一人者と言われるD・A・アーカー氏は、ブランドを企業にとっての資産と位置づけ、その資産価値のことを「ブランド・エクイティ（Brand Equity）」と名付けている。そして、その構成要素として、①ブランド・ロイヤリティ（ブランドに対する消費者の忠誠心）、②ブランド認知（ブランドに対する消費者の認識）、③ブランド連想（消費者がブランドについて想起する一連の連想）、④知覚品質（消費者が製品に対して認識する品

質）、⑤その他のブランド資産（特許や商標など）の５つを挙げている。ブランドがイメージの総体であるという捉え方は、③のブランド連想に近い考え方と言えるが、それがすべてではないのである。

　以上、ブランドに関する誤解の３つのパターンを見てきた。これらを総合すると、多くの人にとってのブランドとは、欧米の各種メーカーが大量の広告を投入し、高級感を植えつけた商品の名称やイメージであるということになる。だが、こういった理解はブランドのほんの一部分しか見ていない。以降では、この３つの誤解を解いていくことで、ブランドに対する正しい理解を確認していくことにしよう。

2　企業ブランドの生い立ちからブランドを理解する

　前節で述べたブランドに対する誤解を解くには、ブランドがどのように誕生してきたのか、その生い立ちを見ていくことが近道である。

　マーケティング研究者の田中洋氏は、ブランドの歴史的発展を、①先史ブランド（前史時代）、②原ブランド（有史以降の古代）、③前近代ブランド（中世・近世）、④近代ブランド（19 世紀〜 20 世紀）、⑤現代ブランド（1980 年以降の展開）の５段階に分けて説明している[*1]。ここでは、このうちの近代ブランドの段階に注目し、大量生産・大量消費の時代に日用品のブランド化に取り組んだ P&G 社の事例を取り上げよう。

　P&G 社は、ローソク製造業のウィリアム・プロクターと石鹸製造業のジェームス・ギャンブルが提携し、1837 年に立ち上げたアメリカ・オハイオ州シンシナティ市のトイレタリー・メーカーである。設立当時、不純物を混ぜた粗悪品のローソクを供給しているメーカーも数多く存在していたなか、P&G 社のローソクは高品質で評判が良かったという。そんなある日、P&G 社の社員がある光景を目にする。自社のローソクが入った木箱に、仲買人が星印を付けていたのだ。不思議に思った社員は、その理由を尋ねた。その返答は、P&G 社のメーカーのローソクが高く売れるため、他の木箱と区別できるように印を付けたというものだった。つまり、他社の製品と識別

するための目印だったのである。品質の良いローソクを求める顧客は、仲買人に依頼し、多少高くても P&G 製のローソクを買っていたのだった。

　この段階で顧客にとって重要だったのは、あくまで木箱の中の良質なローソクであって、星印ではない。だが、仲買人しか知らなかった星印の意味をやがては一般の顧客も知ることとなる。すると、それに気づいた顧客は、星印入りの木箱を指名して購入していく。さらに、それが浸透していくと、良質なローソクを求める顧客にとっては星印の付いた木箱を見つけることが何より大切になる。その木箱さえ見つかれば、ローソクを 1 本ずつ検品しなくても、良品であることが約束されているからだ。

　そして、この状況がさらに進むと、顧客にとって重要なものが中身のローソクから木箱に描かれた星印へと変化していく。顧客の認識の中で、「星印＝良質のローソク」という新たな意味が形成されたのだ。

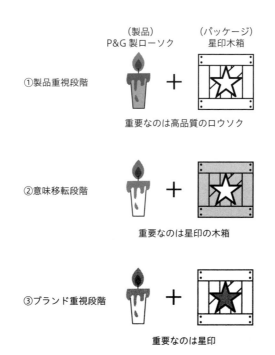

図1　ブランドの生成過程
(出典：長崎秀俊（2016）『イラストで理解するブランド戦略入門』三弥井書店をもとに作成)

この経緯を見ると、顧客が重視する対象の変化とともに星印の意味合いも変化していったことがわかる。そして、この顧客にとっての星印の意味こそがブランドの正体なのである（図1）。

　星印の意味を知る顧客にとって、この星印は単なる記号ではなく、良質なローソクを表す目印なのであり、単なる記号を越えた、良品保証の意味（＝ブランド）を含んだマークなのである。それに対して、星の意味を知らない人からすれば、その目印は依然として単なる星の形のマークでしかない。

　これを現代のブランドに当てはめてみよう。頭文字のLとVを組み合わせたルイ・ヴィトンのモノグラムは、その意味を知らない子供にとっては単なる文字を重ねたマークでしかない。しかし、このモノグラムを知っている人にとっては、ルイ・ヴィトンのブランドを表すマークであり、ファッショナブルで高品質かつ高級な製品を意味しており、そのマークそのものが人々の心を躍らせる対象にもなるのである。

　「ブランド＝高級ブランド品」「ブランド＝商品ネーミングやロゴマーク」という誤解は、先のP&G社の事例で考えると、木箱の中身ではなく星印を重視する段階に相当し、目印をブランドと捉えるレベルの理解から生じているものと言えるだろう。しかし、重要なのは目印ではなく、目印が意味する中身のローソクの品質だったことを思い出してほしい。こうした目印が指し示す事柄を捉えることが、ブランドの理解につながるのである。

3　3つの機能からブランドを理解する

　田中洋氏は、ブランドの次元として、次の3つを挙げている[1]。
①顧客の認知システムとしてのブランド
②企業の知的財産としてのブランド
③社会的記号としてのブランド
　これら3つの次元はブランドの3つの機能とも言えるが、本節ではこの機能の面からブランドを見ていくことにしよう。

1）顧客の認知システムとしてのブランド

　前節に示した木箱に描かれた星印の機能に相当し、この事例の場合、ブランドは良質なローソクを他の粗悪品から識別する役割を果たしている。ここでは、消費者が商品をどのように認知するかを決定づけるシステムとしてブランドを捉えることができる。

2）企業の知的財産としてのブランド

　商標としてのブランドのことを指す。企業の経営資源と言えば、一昔前には人・モノ・金・情報の4つが挙げられていたが、現在は第5の経営資源としてブランドが活用されることも多い。そのため、各企業では自社の商品やサービスを他社の類似商品・サービスから法的に保護するために商標登録を行っているが、それにより自社のネーミングやロゴ・デザインなどを知的財産として守ることができる。こうした知的財産もブランドに含まれる。

3）社会的記号としてのブランド

　上記の2つに加え、ブランドは社会的に共有された記号として捉えることもできる。例えば、BMWやメルセデス・ベンツといった高級車には単なる高価な自動車という意味合いだけでなく、「成功者が乗る車」というイメージがつきまとっている。エルメスやルイ・ヴィトンのバッグにも同様のイメージを抱いている人は多いだろう。世間に広く認知されたブランドには、こうした社会的イメージを誘発する記号としての働きがあり、それを活用している企業も多い。

4　企業側のメリットからブランドを理解する

　ブランドがここまで普及してきた理由の1つとして、ブランディングを仕掛ける企業側にも、それを購入・利用する消費者側にも、それぞれにメリットがあったことが挙げられる。

　まず本節では、企業側のメリットからブランドを見てみよう。企業側がブランドを所有するメリットとしては、以下の5つが挙げられる。

1）消費者の増加を促進できる

　商品自体にとどまらず、ブランド自体を気に入り、ファンになった消費者は、長期にわたり同じブランドを購入する傾向にある。そのようなファンを拡大していくことで、消費者の増加が期待できる。

2）価格競争に巻き込まれにくくなる

　いったんブランドのファンになった消費者は、ブランド自体が好きという理由で、価格のことを気にすることなく購入する傾向が強い。それゆえ、競合ブランドが値下げをしたとしても、そちらにスイッチすることは少なく、同業者からの価格競争に巻き込まれにくくなる。

3）流通業者への価格交渉力が強まる

　人気ブランドを所有するメーカーの商品は、ファンである顧客からの需要が見込める。それに伴い、卸売業者や小売店などの流通業者には多少高くても仕入れようとする心理が働くため、メーカー側の価格交渉力が強まる。

4）ブランド拡張が可能になる

　ブランドが社会に広く浸透して力を持つようになると、メーカーがそのブランドを新たなカテゴリーに拡張・活用することがある。ソニーは小型のテープ再生専用機を「ウォークマン」としてブランド化して世界的に大ヒットさせた。後に小型 CD 再生機を開発し、「ディスクマン」という名で世に送り出したが、その一方で世間一般で広まった名前は「CD ウォークマン」だった。その後、その反応を見たソニーは、すぐにブランド名を「ディスクマン」から「CD ウォークマン」に切り替える決断を下している。以降、「MD ウォークマン」「メモリースティックウォークマン」とウォークマンのブランドを拡張し続けており、成功を収めている。

5）競争優位性を保つことができる

　先に紹介した P&G 社のローソクのように、ブランドというものは一朝一夕に生み出せるものではなく、時間をかけて社会に認知されていくことで形づくられるものである。その点で、すでにブランドを所有している企業というのは優位な立場にあり、ブランドを持たない企業はそう簡単に太刀打ちできないのが現実である。

5　消費者側のメリットからブランドを理解する

　一方、消費者側にとってのブランドのメリットとしては、以下の4つが挙げられる。

1）責任の所在が明確になる

　ブランドにより、どのメーカーの責任のもとで製造されたかが明確にされており、商品に問題があった場合にも対応しやすく、消費者の安心につながっている。ドールのバナナに虫が付いていればドールに連絡をとればよいが、ノーブランドのバナナの場合には連絡先が不明で対処しにくい。

2）品質の保証になる

　実績のあるブランドは品質の保証にもなっている。アップルが新型のアイフォンを出せば、ファンは品質を確認することなく店頭に列をつくる。これはアップルのアイフォン・ブランドであれば品質が保証されていることをファンが確信しているからである。

3）探索が容易になる

　ブランドは、情報にアクセスする際に有効なキーワードとなる。初めての海外旅行先でホテルを探す場合であれば、無名の地元ホテルよりも、著名なブランドホテルの方が、情報を見つけやすく、探索の手間を削減できる。

4）自己演出に活用できる

　先にも紹介したように、ブランドには社会的記号としての働きがあり、BMWに乗る、ルイ・ヴィトンのバッグを持つといったことが成功者のイメージを伴うように、人々にある社会的イメージをもたらす。消費者側では、そのブランドの社会的イメージを自己演出に活用している。BMWやルイ・ヴィトンのように高級感やスタイリッシュ感を演出する人もいれば、全身のファッションをユニクロで揃えることで、気軽さや親近感を演出する人もおり、その活用方法は千差万別である。

6 概念モデルからブランドを理解する

　本節では、ブランドについてより直感的に理解していただくため、ある概念モデルを提示しよう。

　皆さんは買い物をするときに何を基準に商品を選んでいるだろうか。例えば服であれば、好みのブランドの中から選ぶ人もいれば、特にブランドにこだわらずにその時々で自分に合ったものを選ぶ人もいるだろう。この場合、前者の人たちはブランドのイメージやデザインなどに価値を見出しているのに対して、後者の人たちは着やすさといった機能性を重視していると大別できるだろう。

　これを単純化して考えると、商品は製品とブランドの2つに分けられ、図2のような概念モデルとして表すことができる。この図では、「商品」を顧客が代金を支払って購入する価値のかたまりとして捉え、価値という観点から「製品」と「ブランド」の2つに区別している。

　顧客が購入するのは、メーカー名や商品名が付与され、価格が明記された状態のものであり、これが「商品」である。一方、「製品」とは、工場で製造されたばかりのもので、そのまま使用しても問題はないが、他の商品から識別する製造元表示や価格表記などがない状態のものである。対して、「ブランド」とは、消費者が店頭でその商品が他社のものと違うことを伝えるための識別記号とも言える。すでに認知されたブランドであれば、高品質、伝

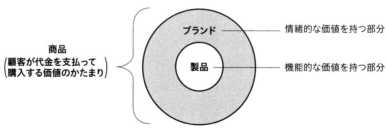

図2　ブランドの概念モデル (出典：図1に同じ)

統的、親しみやすさなど、独自のイメージを持っている場合もある。

　そして、人は商品の購入を決断する際、必ずしも製品とブランドに同程度の重み付けをして購買決定をしているとは限らない。我々の日常の買い物の場面を、この図に当てはめて再考してみよう。例えば、銘柄ではなく品質を見比べて好みのケチャップを買う主婦は、製品部分を重視していることになる。一方で、最初からカゴメのケチャップを買いにいく主婦はブランドを重視していることになる。同様に、旅行先のホテルを部屋の大きさやバスタブの有無、立地で選ぶ人は製品部分を重視しており、安心のために日系ホテルを選ぶ人や憧れの欧米系ホテルを選ぶ人はブランドを重視して購買決定を行っている言える。

　このように我々が日々接している商品を、機能的価値を持つ製品部分と心に訴えかける情緒的価値を持つブランド部分に分けてみることで、ブランドの理解が進んだのではないだろうか。この考え方に基づけば、100円の野菜ジュースから数千万円するマンションまで、同じ原理で説明することが可能であり、観光地も例外ではない。

　かつて、マンションにはまったく同じ仕様のものは存在せず、あくまで地理的条件によって価値が変わるものでありブランドなど機能しないと言われていた。しかし、2002年に野村不動産がプラウドシリーズを打ち出し、状況は一変することとなった。住まう人がプライド（誇り）を感じられるようにと命名されたブランド名やスローガンをそのまま体現するような高級感あふれるマンションが開発され、ニューヨークのセントラルパークやヨーロッパの宮殿のイメージと結びつけたコミュニケーション戦略を実施し、瞬く間に「住んでみたいマンション・ランキング」などで上位にくるブランドになった。マンションでもブランド構築が効果を発揮した好例である。

（長崎秀俊）

注
＊1　田中洋（2017）『ブランド戦略論』有斐閣

2章

プレイス・ブランディングと DMO

1　プレイス・ブランディングの概要

1　日本の観光政策に見るブランドの急速な普及

　日本において国家ブランド・地域ブランドを国内外に発信する動きが急速に高まったのは、2011 年以降のことである。平成 17 年（2005 年）版から平成 29 年（2017 年）版までの『観光白書』を調査したところ、「ブランド」という言葉が初めて出現したのは平成 20 年（2008 年）版で、「地域ブランドの振興」という表現が見られた。その後、翌年の平成 21 年（2009 年）版には「日本ブランド戦略との連携」が加わり、その数は着々と増え続け、平成 29 年（2017 年）版では過去最高の 8 つを記録している（表 1）。

　その背景には、2011 年に東京都がオリンピック・パラリンピックの開催地に立候補し、その後 2013 年に開催が決定したこと、日本の魅力を海外に発信していく取り組みを支援する官民ファンドとしてクールジャパン機構（㈱海外需要開拓支援機構）が設立されたこと、そして、訪日観光客が2013 年に 1000 万人を突破し、2016 年には 2000 万人を達成したことなどが少なからず影響していると考えられる。

　このように国家ブランド・地域ブランドが政府によって積極的かつ急速に発信されている昨今、国家ブランド・地域ブランドとは何か、国家ブランド・地域ブランドに対してどのような問題意識を持てばいいのか、観光ビジネスの実務者として具体的に何をすればいいのかといったことを今一度問い直す必要がある。

2　プレイス・ブランディングの定義

　プレイス・ブランディングについて、国連世界観光機関（UNWTO）では「国・地域・都市の政治・文化・経済的発展のための全体論的なブランディングのプロセスであり、観光の重要性を含む」[*1] と定義している。一方、プレイス・ブランディングの世界的権威であるキース・ディニー教授は、デスティネーション・ブランディングでは対象は観光客のみに限定されるが、プ

表1 『観光白書』における「ブランド」の出現数

版	出現数	内容	対象年	観光に関する主な出来事
平成 17 年版	0		2004 年 (平成 16 年)	
平成 18 年版	0		2005 年 (平成 17 年)	
平成 19 年版	0		2006 年 (平成 18 年)	
平成 20 年版	1	「地域ブランドの振興」	2007 年 (平成 19 年)	10 月 観光圏整備法の施行
平成 21 年版	2	「地域ブランドの振興」 「日本ブランド戦略との連携」	2008 年 (平成 20 年)	
平成 22 年版	1	「地域ブランドの振興」	2009 年 (平成 21 年)	3 月 東日本大震災発生 10 月 東京五輪に立候補
平成 23 年版	1	「地域ブランドの振興」	2010 年 (平成 22 年)	7 月 ロンドン五輪開催 9 月 東京五輪に立候補
平成 24 年版	4	「地域ブランドの振興」 「観光地域のブランド化」 「国を挙げた日本ブランドの海外発信」 「訪日ブランドの構築・強化」	2011 年 (平成 23 年)	5 月 東京五輪の一次選考通過
平成 25 年版	5	「地域ブランドの振興」 「観光地域のブランド化」 「国を挙げた日本ブランドの海外発信」 「訪日ブランドの強化・構築」 「観光地域のブランド化と複数地域間の広域連携」	2012 年 (平成 24 年)	12 月 訪日客 1300 万人達成
平成 26 年版	7	「地域ブランドの振興」 「観光地域のブランド化」 「訪日ブランド構築」 「コンテンツを通じた日本ブランドの発信」 「海外における日本ブランドの発信」 「関係機関と連携した日本ブランドの発信」 「クールジャパンと一体となった日本ブランドの発信」	2013 年 (平成 25 年)	9 月 東京五輪開催決定 11 月 クールジャパン機構の発足 12 月 訪日客 1000 万人突破
平成 27 年版	3	「観光地域のブランド化」(2) 「地域ブランドの振興」	2014 年 (平成 26 年)	12 月 訪日客 1300 万人達成
平成 28 年版	6	「国家ブランド指数」 「観光地域のブランド化」 「国立公園の『ナショナルパーク』としてのブランド化」 「質の高い観光地としての日本の観光ブランドイメージの確立」(2) 「日本のブランドイメージの確立」	2015 年 (平成 27 年)	12 月 訪日客 1974 万人達成
平成 29 年版	8	「民間事業者と連携し、行政によって地域のブランド戦略プランを策定・実施」 「地域の見直しから改めて歴史・文化資産を生かしたブランドづくりに着手」 「国立公園の『ナショナルパーク』としてのブランド化」(2) 「質の高い観光地としての日本の観光ブランドイメージの確立」(3) 「欧米豪を中心とする富裕層をターゲットとした旅行先としての日本のブランドイメージの確立」	2016 年 (平成 28 年)	12 月 訪日客 2404 万人達成

(出典：『観光白書』(平成 17〜29 年版) をもとに作成)

レイス・ブランディングにおいては観光客が中心ではあるものの、それ以外にもプレイスで学ぶ人や働く人なども含まれると説明している。

それゆえ、プレイス・ブランディングでは、プレイスに観光客を誘致することだけでなく、プレイスに暮らす人々に豊かな生活をもたらすことも重要だと考えられている。UNWTO では、「センス・オブ・プレイス」[*2]の概念を踏まえて、以下の3つのPの重要性を説いている。

①プレイス（Place ／プレイスに存在する文化、歴史、遺産など）

②プロダクト（Product ／プレイス出自のプロダクトやサービス）

③ピープル（People ／プレイスに暮らす人々）

このうち、プレイスに暮らす人々は、①と②を外部に伝えていく上で極めて重要な役割を果たすと位置づけられている。このことから、プレイスに暮らす人々のプレイスに対する誇りを高め、クオリティ・オブ・ライフを高めることが大切だと結論づけられている[*3]。

近年のオーバーツーリズムに対して、地域ビジネスや地域住民から様々な問題が指摘されつつあるが、この3つのPからプレイス・ブランディングを検討することは、政策的な意義があるのではないだろうか。

3 プレイス・ブランディングの歴史的変遷

1993 年、現代マーケティングの父とも言われるフィリップ・コトラー氏は、国・地域・都市をプレイスと称して、マーケティング理論をプレイスに適用し、プレイス・マーケティングを世に生み出した。これにより同氏はプレイス・ブランディング研究の先駆者とも位置づけられているが、後に自ら「プレイスをマーケティングすることは、非常に新鮮なことであり、理論面の先駆けとなっているのは明らかである。…（中略）…これまでは、国のイメージが製品にどのような影響力を与えているのか程度の研究しか行われていなかった。各国がブランディングを向上させるにはどうすればいいかということまで掘り下げた研究は存在しなかった」[*4]と公言もしている。その後、プレイス・ブランディングとして、ブランド理論を国・地域・都市に適用する動きが世界に広まっていくこととなった。

1995 年以降、世界の NTO（National Tourism Organization ／国単位の DMO）では、ブランドの専門知識を有する優秀なブランド・マネジャーを積極的に採用しはじめ、ヨーロッパとオセアニアを中心に本格的にブランド戦略を推し進めるようになった。

　1997 年、イギリスでは、トニー・ブレア政権組閣の際に国家ブランド戦略「クール・ブリタニア（Cool Britannia）」に着手し、終結後もその思想や理念は今なお脈々と受け継がれている。一方、ニュージーランドでは、1999 年に国家ブランド戦略「100％ ピュア・ニュージーランド（100％ PURE NEW ZEALAND）」を開始した。現在も一貫して同じ戦略を継続しており、DMO の模範的事例とされている。

　2009 年には、こうした各国の DMO によるブランドを活用した活発な取り組みを受けて、UNWTO が、ヨーロッパ旅行委員会（ETC：European Travel Commission）の協力のもと、ブランド戦略のハンドブック『Handbook on Tourism Destination Branding』を作成している。そこでは、ブランド理論の枠組みの中で DMO がどのようにデスティネーション・マーケティングを実践していけばよいかが示されており、ブランド先進国と言われたヨーロッパとオセアニアを中心に各地の事例も紹介されている。

　監修を担当したのは、先述の「クール・ブリタニア」に関わった英国外務省広報アドバイザーのサイモン・アンホルト氏で、同氏は「アンホルト国家ブランド指数」を考案した人物としても知られている。こうしてプレイス・ブランディングの考え方は着実に広まりつつあるが、アンホルト氏は「プレイス・ブランディングは、これから、加速的に、その重要性と価値を高めつつある」という力強いメッセージを発信している。

　また、セントラルフロリダ大学のアラン・フィオール教授は、DMO をデスティネーションの中に存在する様々なビジネスと連携を図りながら 1 つのブランドを構築する役割を果たす組織と位置づけた上で、DMO が存在しなければ国や地域のブランドは生まれてこないと論じている[5]。

　さらに、キース・ディニー教授は、投資促進機関や貿易促進機関が国のブランディングを担うこともあると述べつつも、NTO がその中心的な役割を

表 2　NTO による国家ブランディング・ツーリズム・キャンペーン

NTO	国家ブランディング・ツーリズム・キャンペーン
カナダ	Canada, Keep Exploring
中国	Beautiful China
エジプト	Where It All Begins
アイルランド	The Wild Atlantic Way
メキシコ	The Place You Thought You Knew
スペイン	I Need Spain

(出典：K.Dinnie（2016）*Nation Branding: Concepts Issues Practice*, Routledge をもとに作成)

果たしていると結論づけており、その理由として NTO が投資促進機関や貿易促進機関に比べて長期にわたり国家ブランドの普及に尽力してきたことを挙げている（表 2）[6]。

4　プレイス・ブランド

　現在、プレイス・ブランディングが、国家単位だけでなく、地域・都市にも積極的に受け入れられつつある。その背景には観光予算が減少している状況があり、各地域・都市では限られた予算をいかに賢く活用していくかを考えるなかで、プレイス・ブランディングをうまく採り入れている[7]。

　例えば、イギリスの各市町村では、観光予算を使って、地域の認知度を高めるための宣伝を行ったり、既存の観光施設への投資を積極的に行ってきたが、潤沢な予算を確保することが困難な状況に陥る自治体も散見される。そこで、予算の活用方法について地元の利害関係者などを交えて議論する動きが現れており、複数の事業を推進するのではなく、中核となる 1 つの事業を選択し、集中的に実行しようという機運が高まりを見せている。

　とはいえ、イギリスの田舎町が国際観光市場で注目されることはなかなか難しい。その対抗策として、地域同士が協力し、プレイスをブランドとして捉えて、「プレイス・ブランド」を確立していこうという考え方も広まりつ

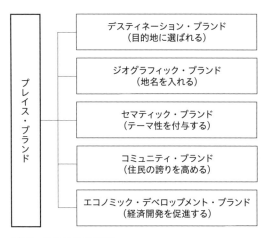

図1 プレイス・ブランドの5つの分類

(出典：B.Baker（2012）*Destination Branding for Small Cities: The Essentials for Successful Place Branding*, Creative Leap Book および UNWTO（2009）*Handbook on Tourism Destination Branding*, World Tourism Organization and European Travel Commission をもとに作成)

つある[*8]。

このプレイス・ブランドは、図1のように5つに分類することができる[*9]。

1）デスティネーション・ブランド

人々が観光目的地として認識するブランドで、「ツーリズム・デスティネーション・ブランド」と呼ばれることもある。図1に示した5種類のプレイス・ブランドの中で最も影響力が強く、世界的に広く活用されている。その理由としては、①国・地域・都市において観光関連の部署が多くの予算を確保する傾向にあり、発言力を有すること、②デスティネーション・ブランドが最も多くの人々に受け入れられやすいことの2点が挙げられる。

国や自治体が留学や企業誘致、投資などの面で魅力を発信しても、関心を持つ人は限られる。それに対して、観光の魅力に関しては多くの人々が反応を示す。観光によって、プレイスに対する敷居をぐんと下げることができるのである。UNWTO では、プレイス・ブランディングを構築する上で、まずはこのデスティネーション・ブランドを適用するところから着手することが極めて有効だとしている。

2）ジオグラフィック・ブランド

　国、地域、都市の具体的な名称を取り入れたブランドで、1970年代にアメリカのニューヨーク州で実施された観光キャンペーン「アイ・ラブ・ニューヨーク（I Love New York）」、1980年代にイギリスのグラスゴー市が打ち出した「グラスゴーズ・マイルズ・ベター（Glasgow's miles better）」がパイオニアだと言われる[*10]。現在では自分たちの地名を全面的にアピールするDMOは数多く見られるが、よほど世界的に高い知名度でない限り、大勢の人に訴求することは難しいのが実情である。そこで、UNWTOでは、後述するセマティック・ブランドを組み合わせることが有効だとしている。

3）セマティック・ブランド

　セマティックとは、「テーマ性」という意味である。セマティック・ブランドを構築する際には、一般にプレイスのユニーク・セリング・プロポジション（Unique Selling Proposition：USP／プレイスの売りとなるもの）やアイコン（プレイスを象徴的に示すもの）が用いられる。

　特に地名の認知度が低い場合にはセマティック・ブランドを活用することが効果的であり、イギリスではジオグラフィック・ブランドとセマティック・ブランドを組み合わせて使用している事例が数多く見られる。

　イングランドを構成する9つの地域の1つであるサウス・ウェスト・イングランドでは、「サウス・ウェスト」の地域名だけでは人々の注目を集めることが難しい状況に直面していた。そこで、同地域のDMOであるサウス・ウェスト・ツーリズムが目を付けたのが、地域内のトーキー市に生まれた推理作家アガサ・クリスティだった。現在、同地域ではセマティック・ブランドとして「アガサ・クリスティ・カントリー（Agatha Christie Country）」というキャンペーンが実施されており、トーキー市を拠点としながら観光客の地方分散を図っている。

　その他のヨーロッパの国々でもセマティック・ブランドが戦略的に活用されているが、なかでも成功を収めている事例がドイツ観光局の「ロマンチック街道」である。40年以上にわたり一貫してセマティック・ブランドを発信し続けており、街道沿いにあるローテンブルグ市、ヴュルツブルグ市、フッ

セン市では独自に強力なデスティネーション・ブランドも確立している[11]。

　また、観光 PR の一貫として国内外で活用されているキャラクターも、このセマティック・ブランドの 1 つに位置づけられる。イギリスでは、日本でも馴染みのある「ピーターラビット」「くまのプーさん」といったキャラクターが縁のある地域で効果的に使われており、長年にわたり一定数の観光客を誘致することに貢献している。

　それに対して、日本では「ゆるキャラ」や「ご当地キャラ」がもてはやされているが、一過性の大量集客は期待できるものの、持続性の観点からは問題が残る。その点では、選ばれ続ける地域づくりに向けて、日本でも児童文学や小説などに根ざしたキャラクターの有効活用が求められる。

　なお、UNWTO は、セマティック・ブランドで注意すべきこととして「ミー・トゥー（Me Too）」に陥らないことを挙げている[12]。例えば、ビーチ・リゾートを売りにしている DMO ではいずれも「青い海と白い砂浜」をアピールしがちで、差別化が希薄な事例を多々見かける。また、世界各地の DMO が出展し観光 PR を行う国際観光博覧会で日本のブースを訪れた海外の関係者からは、「どの DMO も新鮮な海の幸や山の幸をアピールしているが、結局のところ何が特徴なのかがわからない」という声も聞かれる。

　DMO として大切なことは、「ミー・トゥー」という姿勢ではなく、人々の記憶に残るような強力なセマティック・ブランドを立ち上げることなのである。

4）コミュニティ・ブランド

　地域住民のプレイスに対する誇りを高めるために立ち上げられるブランドである。住民が自分たちの地域に誇りを持つようになると、地域での暮らしを楽しむ気持ちや、地域を応援しようという機運も高まることにつながる。それに伴い、来訪者に対しても、ブランド価値を踏まえた振る舞いや応対ができるようになる。

5）エコノミック・デベロップメント・ブランド

　エコノミック・デベロップメント・ブランドは、企業誘致や投資を促進するブランドを指し、観光以外の部門によって管理されることが多い。そのた

め、デスティネーション・ブランドやセマティック・ブランドとは異なるアプローチがなされることがある。

　しかし、エコノミック・デベロップメント・ブランドも、これらのブランドと関連させるべきであり、プレイスとしてのブランドのターゲットは一貫して同じにしておく必要がある。

5　プレイスのイメージ

　先述のアンホルト氏は、「長年にわたって築き上げられた一国に対するイメージは簡単に変わらない」と言う。その一方で、コトラー氏は、世界的に名の通った国が大胆にイメージを変えることは不可能に近いとしつつも、戦略的イメージ・マネジメントの技法を活用することでイメージを修正することは可能だとしている[13]。

　コトラー氏の言う戦略的イメージ・マネジメントとは、プレイスに対する新たなイメージを創造するために行う一連のプロセスであり、以下の手順により実施されるものである[14]。

①プレイスが外部からどのようなイメージで見られているのかを測定する
②ターゲットを特定する
③どのようなイメージを抱いてほしいのかを決める
④ターゲット顧客のイメージがどう変化しているかを知るための評価手法を決める
⑤イメージのコミュニケーション・ツールを決める
⑥ビジュアルを確定する
⑦イメージが絵に描いた餅にならないようにイベントで具現化する

2　DMO の概要

1　デスティネーションの定義

　UNWTO では、「デスティネーション（Destination）」について「人々が訪問しようとする国・地域・都市」と定義している[15]。主にビジネス分野

で使われており、一般には馴染みのない言葉だが、代表的な使用例としては
JR が推進する「デスティネーション・キャンペーン」が挙げられる。

　一方、組織としては、「DMO（Destination Management Organization
／デスティネーション・マーケティング・オーガニゼーション）」が、近年、
注目を集めている。オーストラリアのマーケティング研究者であるスティー
ブン・パイク氏は、すべての人々に受け入れられるデスティネーションの
定義は存在しないと述べた上で、DMO が統括する地理的な空間こそがデス
ティネーションだと指摘している[16]。これに倣い、本書では、特に断りがな
い限り、DMO が統括する地理的な空間をデスティネーションとして扱うこ
ととする。

2　DMO を取り巻く現状

　コトラー氏は、DMO を「特定のデスティネーションをプロモートする組
織」と定義している。名称に「デスティネーション・マーケティング」と示
されているように、DMO にはマーケティング本位の発想が求められ、すべ
てのマーケティングは消費者リサーチから開始される必要がある[17]。

　現在、DMO の数は世界規模で増加の一途をたどっている。かつてはアラ
ビア半島のドバイやカタールが世界屈指のデスティネーションになることな
ど誰も予想していなかったが、今では両国にも政府観光局が設置されている。
こうした状況が進めば、観光客をめぐる DMO 間の競争は、グローバル規模
でますます激化することが予想される。

　そんななか DMO が競争力を高めるためには、デスティネーションの存在
感を最大限に高める努力に加え、「統合型マーケティング・コミュニケーショ
ン」の実行が必要不可欠であると言われている[18]。統合型マーケティング・
コミュニケーションとは、消費者に向けて価値を創造・伝達・提供するため
に統合されたマーケティングを指す。具体的な手法としては、①価値を伝達・
提供するために多彩なマーケティング活動を利用すること、②すべてのマー
ケティング活動をうまく連携させて効果を最大化することの 2 点が挙げら
れる[19]。

3　DMO の分類

　先述のパイク氏は、カバーするエリアの規模に応じて、DMO を 5 つに分類している（表3）[20]。

1）MTO（Macro-region Tourism Organization）

　MTO（マクロリージョン・ツーリズム・オーガニゼーション）は、マーケティングのネットワーク化や情報共有など目的として、複数の国の NTO（後述する国単位の DMO）が連携して設立された DMO である。ヨーロッパ旅行委員会、北ヨーロッパのスカンジナビア政府観光局、東南アジアのアセアン・ツーリズム、南アメリカのメルコスール政府観光局などが該当する。

2）NTO（National Tourism Organization）

　NTO（ナショナル・ツーリズム・オーガニゼーション）は、国のデスティネーション・マーケティングを全般的に行う DMO である[21]。NTO と混同されやすい組織に NTA（National Tourism Administration ／ナショナル・ツーリズム・アドミニストレーション）があるが、UNWTO では NTA を「国単位でツーリズム開発の責任を負う中央省庁の機関や関連の公的組織」

表3　DMO の分類

分類	代表例
MTO （マクロリージョン・ツーリズム・オーガニゼーション）	ヨーロッパ旅行委員会、アセアン・ツーリズム、メルコスール観光局など
NTO （ナショナル・ツーリズム・オーガニゼーション）	ブランド USA、**英国政府観光庁、ニュージーランド政府観光局**など
STO （ステイト・ツーリズム・オーガニゼーション）	**カリフォルニア州観光局、ハワイ州観光局**、アラスカ州観光局など
RTO （リージョナル・ツーリズム・オーガニゼーション）	イングランド観光局、ロンドン観光局、ロサンゼルス観光局、**岐阜県観光連盟（岐阜県観光国際局）、京都市観光協会（京都市産業観光局）**など
LTA （ローカル・ツーリズム・アドミニストレーション／アソシエーション）	

注：太字は 4 章の事例紹介で取り上げる DMO を表す

（出典：S.Pike（2016）*Destination Marketing*, Routledge をもとに作成）

と定義しており、NTO と区別している[*22]。日本で見れば、日本政府観光局（JNTO）が NTO で、観光庁が NTA に相当する。イギリスの場合であれば、英国政府観光庁が NTO、文化・メディア・スポーツ省が NTA になる。

3）STO（State Tourism Organization）

STO（ステイト・ツーリズム・オーガニゼーション）は、州・準州単位の DMO を指し、アメリカ、カナダ、オーストラリア、中国などに存在する。アメリカのカリフォルニア州観光局やハワイ州観光局、カナダのユーコン準州観光局などが該当する。

4）RTO（Regional Tourism Organization）

RTO（リージョナル・ツーリズム・オーガニゼーション）は、地域あるいは都市レベルの DMO である。イギリスであれば、イングランドやスコットランド、ウェールズの地域を管轄する DMO に加え、首都ロンドン市の DMO も RTO に該当する。一方、アメリカでは、古くからコンベンション＆ビジター・ビューロー（Convention & Visitor Bureau）が広く使われていることから「CVB」と呼ばれることもある。なお、CVB には海外市場よりも国内市場に向けてプロモーションを実施しているところが多く、近年ではサンフランシスコ市のように CVB を使わなくなった DMO も増えつつある。

5）LTA（Local Tourism Administration）

LTA（ローカル・ツーリズム・アドミニストレーション／アソシエーション）は、RTO のエリア内に存在するより小規模な DMO である。町や村、コミュニティ単位の組織で、ローカル色が強い。自治体の観光部署や観光協会はここに含まれる。

以上のように、一言でDMO と言っても、対象とするデスティネーションに応じて多様な DMO が存在している。日本では、DMO と聞くと、大半の人が地域・町村レベルの DMO を思い浮かべ、日本政府観光局を DMO と認識する人は少ないのではないだろうか。対して、アメリカの NTO であるブランド USA では、ホームページ上で「ブランド USA は、国際観光市場に

おいて、アメリカの観光経済の拡大を図り、国家の好ましいイメージを構築することを目的とする DMO である」と力強くアピールしている。海外ではデスティネーションの規模に関係なく DMO の普及が進んでおり、その点では日本はまだまだ発展途上の段階にあると言えるだろう。

4 DMO の歴史

　日本で DMO が注目を集めるようになったのはごく最近のことだが、世界を見渡せば、DMO の誕生は 150 年以上も前にさかのぼることができる（表4）。

　1864 年、世界初の DMO が誕生したのはスイスのサンモリッツ市で、有数の保養地としても知られるまちである。当時は、イギリスの旅行会社トーマスクック社が、ヨーロッパ大陸に向けて団体旅行を盛んに取り扱っていた時期に重なり、イギリスから数多くの観光客がサンモリッツを訪れたと言われる。

　続いて 1879 年、イギリスのブラックプール市に 2 つめの DMO が誕生する。設立当時は、固定資産税を財源としながら、積極的に広告展開を行っており、市内の様々な観光施設が紹介されていたという。世界的に有名な社交ダンスの競技会「ブラックプールダンスフェスティバル」の開催地でもあり、映画「Shall we ダンス？」のロケ地としても知られる。

　その後、1881 年には、ニュージーランドのロトルア市に DMO が設立された。ヨーロッパに見られたスパ・リゾートを自国にも開設しようと目論んだニュージーランド政府の構想から、温泉保養地として開発が進められたが、今から 130 年以上も前に世界市場を見据えて DMO を運営していたのは驚きである。

　NTO について見てみると、ニュージーランドと西ヨーロッパの国々で歴史が古く、1901 年のニュージーランドを皮切りに、1910 年以降、フランス、イタリア、イギリス、アイルランド、ベルギーと西ヨーロッパの国々がNTO を設立している。一方、旧東ヨーロッパでは 1992 年のクロアチアを筆頭に、チェコ、ハンガリー、ポーランドと順次 NTO が設立された。

表4　世界のDMOの設立年

設立年	オセアニア	ヨーロッパ	アジア	南北アメリカ
1864		▲サンモリッツ市（スイス）		
1879		▲ブラックプール市（イギリス）		
1881	▲ロトルア市（ニュージーランド）			
1888				▲ミルウォーキー市（アメリカ・ウィスコンシン州）
1896				▲デトロイト市（アメリカ・ミシガン州）
1901	●ニュージーランド			
1903				▼ハワイ州（アメリカ）
1906		▲黒い森（ドイツ）		
1910		●フランス		
1919	▼ニューサウスウェールズ州（オーストラリア）	●イタリア		
1928				●メキシコ
1929	●オーストラリア	●イギリス		
1934	▼タスマニア州（オーストラリア）			●カナダ ▲ニューヨーク市（アメリカ）
1935				▼ブリティッシュコロンビア州（カナダ）
1939		●アイルランド ●ベルギー		
1942				●アルゼンチン
1934				▲シカゴ市（アメリカ）
1948		●ドイツ ■ヨーロッパ		
1955		●オーストリア		▲ラスベガス市（アメリカ）
1957			●香港	■南アメリカ
1960			●ベトナム	
1961				●アメリカ ▼アナハイム市（アメリカ・カリフォルニア州）
1964			●シンガポール	
1967		●デンマーク		
1968		●オランダ		
1969		▲イングランド		
1971			■アセアン	
1976		●スウェーデン		
1978			●中国	
1984				▲オーランド市（アメリカ・フロリダ州）
1989				■カリブ諸島

注：■はMTO、●はNTO、▼はSTO、▲はRTOを表す　　　　　　　（出典：表3に同じ）

同様の動きは、南北アメリカにも拡大しており、1928 年以降、メキシコ、カナダ、アルゼンチンに NTO が設立されている。アメリカでは RTO と STO が NTO に先行して誕生しており、NTO が設立されたのはかなり遅れて 1961 年のことである。

　さらに第二次世界大戦後になると、アジア各国で NTO を設立する動きが広がり、1957 年に香港、1960 年にベトナム、1964 年にシンガポールと続く。

　複数の NTO が連携する MTO が初めて誕生したのは 1948 年で、ブリュッセルに本部を構えるヨーロッパ旅行委員会が第 1 号である。その後、1957 年に南アメリカ、1971 年にアセアン、1989 年にカリブ海諸国にも設立されている。

　なお、MTO に限らず、ヨーロッパ各国の NTO では、近隣諸国同士で積極的にパートナーシップを結び、セマティック・ブランドを立ち上げている。「アルプス」をテーマにドイツとスイスとオーストリア、「ケルト文化」をテーマにアイルランドとイギリス、映画「ダ・ヴィンチ・コード」をテーマにイギリスとフランスというように多岐にわたる活動が展開されている。

5　DMO の組織名

　DMO を日本語で表現する際には「（政府）観光局」が用いられることが多い。しかし、世界各地の DMO の正式名称には必ずしも「ツーリズム」や「オーガニゼーション」が使用されているわけではなく、近年は組織名から DMO であることを識別しにくくなったという指摘もある[23]。例えば、アメリカの「Brand USA」、ニューヨーク市の「NYC & Company」、ロンドン市の「London & Partners」などは、一見して DMO であることがわかりにくい。それに対して、パイク氏は手がかりとなるキーワードを表 5 のようにまとめている。

　また、DMO の名称からその DMO が何を優先しているかをうかがい知ることができるが[24]、例えばアメリカの「Brand USA」ではブランドを、アメリカ・ラスベガス市の「Las Vegas Convention and Visitor Authority」ではコンベンションを、イギリス・マンチェスター市の「Marketing Man-

表5　DMO の組織名に用いられるキーワード

キーワード	組織名の例
Agency	Latvia Tourism Development Agency（ラトビア）
Alliance	Warsaw Destination Alliance（ポーランド・ワルシャワ市）
Association	Christmas Island Tourism Association（オーストラリア・クリスマス島）
Authority	Las Vegas Convention and Visitor Authority（アメリカ・ラスベガス市）
Board	Scottish Tourist Board（スコットランド）
Bureau	Hawaii Visitors Bureau（アメリカ・ハワイ州）
& Co	Götebord & Co（スウェーデン・ヨーテボリ市）
Coalition	North Carolina Travel & Tourism Coalition（アメリカ・ノースカロライナ州）
Commission	Australia Tourism Commission（オーストラリア）
Company	New York City & Company（アメリカ・ニューヨーク市）
Corporation	Virginia Tourism Corporation（アメリカ・ヴァージニア州）
Council	Swedish Travel and Tourism Council（スウェーデン）
Choose	Choose Chicago（アメリカ・シカゴ市）
Department	Department of Tourism and Commerce Marketing（ドバイ）
Marketing	Marketing Manchester（イギリス・マンチェスター市）
Directorate	Crete Tourism Directorate（ギリシア・クレタ島）
Inc.	Northland Inc.（ニュージーランド・ノースランド地方）
Institute	Nicaragua Institute of Tourism（ニカラグア）
Ministry	Israel Ministry of Tourism（イスラエル）
Network	North Coast Destination Network （オーストラリア・ニューサウスウェールズ州ノースコースト）
Office	China National Tourism Office（中国）
Organization	Japan National Tourism Organization（日本）
Partner	London & Partners（イギリス・ロンドン市）
Travel	San Francisco Travel（アメリカ・サンフランシスコ市）
Visit	Visit California（アメリカ・カリフォルニア州）

（出典：表3に同じ）

表6　組織名を変更した DMO の例

DMO	現在の組織名	従来の組織名
イギリス	VisitBritain	British Tourist Authority
オーストラリア	Tourism Australia	Australia Tourist Commission
ニュージーランド	Tourism New Zealand	New Zealand Tourist and Publicity Department
アメリカ・カリフォルニア州	Visit California	California Travel Tourism Commission
オーストラリア・クイーンズランド州	Tourism and Events Queensland	Queensland Tourist and Travel Corporation
アメリカ・ポートランド市	Travel Portland	Portland Oregon Visitors Association
アメリカ・サンフランシスコ市	San Francisco Travel	San Francisco Convention & Visitors Bureau

(出典：B.Baker（2012）*Destination Branding for Small Cities: The Essentials for Successful Place Branding*, Creative Leap Book および S.Pike（2016）*Destination Marketing*, Routledge をもとに作成)

chester」ではマーケティングを重視していると推測できる。

　一方、1990年前半から組織名を変更する動きが出てきた。なかでも、NTO に顕著に見られ、政府機関を想起させる官僚的な名称から親しみが感じられる名称へと変更している事例が多い。

　プレイス・ブランディングの研究者であるビル・ベイカー氏は、DMO が親しみやすい組織名を掲げることはプレイス・ブランディングを確立する上で重要だと指摘しており[25]、組織名を変更する流れはプレイス・ブランディングの潮流とも重なる部分が多い。その一例を表6に示しているが、イギリス、オーストラリア、ニュージーランド、オーストラリア・クイーンズランド州の DMO では、組織名から「Tourist」が削除されている。ここには、旅行者に限らず、留学や仕事のためにやってくる人なども含めて幅広く来訪してほしいという組織の思いが表れている。

　筆者が所属していた英国政府観光庁では、2003年に25年間使用してきた「British Tourist Authority」という組織名を「VisitBritain」に変更した。

名称の選考にあたり全スタッフに対して公募が実施されたが、その際の条件は①官僚的で権威的な単語を使わないこと、②組織の目的が表現されていること、③国籍・人種を問わずわかりやすいことの3点だった。他の候補としては「Travel Britain」「Go Britain」「Tourism Britain」などが挙げられたなか、最終的には「VisitBritain」に決まった。この新たな名称に対して、当時の会長は「世界のどの言語の人々が聞いても同じ意味に捉えられるし、電話越しでも耳当たりがとてもよい。世界各国のメディアにも伝わりやすい」[26]とコメントしている。

（宮崎裕二）

注

* 1　UNWTO（2009）*Handbook on Tourism Destination Branding*, World Tourism Organization and European Travel Commission, p.161
* 2　「センス・オブ・プレイス」の考えは、1976年に地理学者エドワード・レルフが提唱した「プレイスを他のプレイスと識別する上で欠かせないものはプレイスの文化である」という概念が始まりとされる。
* 3　前掲 * 1、p.17
* 4　P.Kotler（2005）*FAQs Marketing Answered by the Guru of Marketing*, Marshall Cavendish, p.138
* 5　A.Fyall, P.Legoherel, I.Frochot and Y.Wang（2019）*Marketing for Tourism and Hospitality: Collaboration, Technology and Experiences*, Routledge, p.391
* 6　K.Dinnie（2016）*Nation Branding: Concepts Issues Practice*, Routledge, p.44
* 7　B.Baker（2012）*Destination Branding for Small Cities: The Essentials for Successful Place Branding*, Creative Leap Book, p.30
* 8　前掲 * 7、p.30
* 9　前掲 * 7、pp.27-29
* 10　G.Ashworth（2010）*Towards Effective Place Brand Management*, EE, p.116
* 11　前掲 * 7
* 12　前掲 * 1
* 13　前掲 * 4、p.137.
* 14　P.Kotler, D.Haider and I.Rein（1993）*Marketing Places,* Free Press, 1993, pp.141-143
* 15　前掲 * 1、p.159
* 16　S.Pike（2016）*Destination Marketing*, Routledge
* 17　P.Kotler, J.Bowen and J.Makens（2014）*Marketing for Hospitality and Tourism*, Pearson, p.561
* 18　前掲 * 5、p.383
* 19　前掲 * 17、pp.24-25
* 20　前掲 * 16、pp.12-13
* 21　前掲 * 5、p.395
* 22　前掲 * 5、p.395
* 23　前掲 * 16
* 24　『週刊トラベルジャーナル』2020年2月17日号、p.22-23
* 25　前掲 * 7、pp.141-143
* 26　前掲 * 16、p.107

3章

プレイス・ブランディングを
実践するための 10 の手法

ある日、上司から「世間ではプレイス・ブランディングが重要らしい。我が社も積極的に取り組もう」と言われたら、あなたはどうするだろうか。多くの人が、何から手をつければいいのか、具体的に何をすればいいのかわからず、困るのではないだろうか。

　今、世界の DMO を含むツーリズム・ビジネスの現場では、具体的に何を実践すればプレイス・ブランディングの成功につながるのかについて真剣に考え、実際に取り組みが進められている。前章で紹介した国連世界観光機関（UNWTO）が 2009 年に発行した『Handbook on Tourism Destination Branding』は、その成果の 1 つに数えることができるだろう。

　プレイス・ブランディング研究会では、同ハンドブックを中心に精査を行い、プレイス・ブランディングを実践していく上で特に重要と思われる 10 の手法を選定した（表1）。それらの詳細について、順次紹介していこう。

（宮崎裕二）

表1　プレイス・ブランディングを実践するための 10 の手法

手法1	目的を明確化する
手法2	ブランドを適切に管理する
手法3	ブランド・ツールキットを作成する
手法4	マーケティングを統合する
手法5	ブランドに適合した行動をとる
手法6	ブランド中心の組織をつくる
手法7	スタッフを教育する
手法8	地域住民の当事者意識を高める
手法9	KPI（重要業績評価指標）を設定する
手法10	ブランドを評価する

目的を明確化する

1　目的設定の重要性

　プレイス・ブランディングにおいてまず行うべきは、全ステークホルダーに対して目的を明確にし、共有することである。

　1つのプレイスの中には、利害関係が一致しない多種多様なステークホルダーが存在している。例えば、土産物のメーカーにとっては自社の土産物が売れることが重要である。その一方で、ホテルや旅館で最も重要なのは集客数だ。他方、地元政治家にとっての関心事は、地元にお金が落ちるか、それにより税収が上がるか、また雇用が生み出されるのかといった事柄である。

　プレイス・ブランディングをスタートさせるにあたっては、こうしたすべてのステークホルダーに対してブランディングの目的を示し、納得してもらった上で協力を仰ぐ必要がある。そのためには、スタート時から全ステークホルダーを巻き込み、互いに立場の違いを理解してもらいつつ、最終的に全員がウィン・ウィンの関係になるような目的を設定し、説得していくことが求められる。このステップを抜きにして強力なブランド構築はありえないことを肝に銘じていただきたい。

2　ブランドのポジショニング

　ブランドのポジショニングとは、競合の製品・サービスに対して優位に立

つことを目的として、自社の製品・サービスのポジションを構築する活動である。その際には、顧客に対して競合とは差別化されたイメージを植えつける必要があるが、プレイスの場合には、何が強みで、どこが優れているのかをアピールすることが求められる。

　このポジショニングを提唱したアル・ライズ氏とジャック・トラウト氏は、ポジショニングは製品に対してなされるものでなく、心に対して行うものであると述べている[*1]。ブランドのポジショニングが明確になされ、かつ顧客にきちんと伝われば、自らのプレイスは顧客の中で競合プレイスよりも優れたプレイスとして知覚されることになる。

3　ブランディングの進め方

　プレイス・ブランディングを進める際に注意すべき点は、対象が製品ではなく、顧客の経験だということである。そこで、最初の段階はプレイス内の資産を監査する作業から始めるのが望ましい。その際には、ターゲットとなる顧客にどれだけ効果的に訴求するかという観点から資産に優先順位をつけることが求められる。

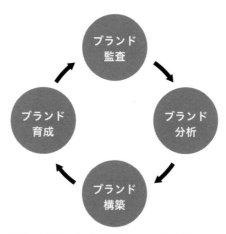

図1　ブランディングの4つのプロセス

さらに、より優れたブランドを構築していくには、ブランディングのプロセスを好循環させていく必要がある。以上のようなプロセスを、①ブランド監査、②ブランド分析、③ブランド構築、④ブランド育成の4つのステップに分けて解説していく（図1）。

1　ブランド監査

ブランド監査は、プレイスに関わるすべての資産価値を今一度詳細に見直す作業である。この際、風景や文化、自然、歴史、建築物など、項目別に分けて確認していく必要がある。その上で、他の競合プレイスと比較して、どの資産にどの程度の魅力があり、独自性があるのかを冷静に見極め、優先順位をつけていく。

ここでは、当事者目線でなく、ターゲットとなる顧客の目線で順位づけを行うことが重要になる。地元の人間にとっては当たり前のものが、来訪者にとっては魅力的なものに映る可能性もあるからだ。例えば、北海道のニセコ町は、国内のスキーブームの終焉とともに観光客が激減していたが、その雪質の良さに感銘を受けたオーストラリア人の間で評判となったことがきっかけとなり、今では大勢の外国人観光客が押し寄せる一大リゾート地に変貌している。こうした予想外の事態は、顧客の目線に立たなければ把握できないものである。

また、優先順位をつける際には、資産へのアクセス性についても考慮する必要がある。いくら素晴らしい資産があったとしても、そこへのアクセスが容易でない場合には、来訪者の立場から考えると優先順位は低くせざるをえない。何よりもまず、顧客に対して訴求効果の高い資産を選び出すことを意識することが重要となる。

2　ブランド分析

このプロセスでは、先のブランド監査で洗い出した資産に関して、その強みと弱み、競合状況、顧客の認知状況の3つの観点から分析を行う。

資産の強みと弱みを把握するには、SWOT分析のフレームワークが向い

	プラス要素	マイナス要素
内部環境	**Strength（強み）** ・活かすべき強みは何か？	**Weakness（弱み）** ・克服すべき弱みは何か？
外部環境	**Opportunity（機会）** ・市場機会になるのは何か？	**Threat（脅威）** ・回避すべき脅威は何か？

図2　SWOT分析のフレームワーク

ている。SWOT分析とは、経営戦略分析手法の1つであり、企業を取り巻く外部環境と内部環境を、強み（Strengths）、弱み（Weaknesses）、機会（Opportunities）、脅威（Threats）の4つのカテゴリーに分けることで、経営の最適化や戦略方針を導き出す手法である（図2）。

　中国に支店を持つ旅行代理店を例に、このフレームワークを見てみよう。まず強みとしては、中国人顧客にアプローチするチャンネルを持ち、既存顧客を抱えていることが挙げられる。一方で弱みとしては、欧米などに販路がないことが挙げられ、中国で反日キャンペーンなどが起こった場合には売り上げが激減する危険性がある。また機会としては、中国の経済成長率が上昇を続けている状況が挙げられ、脅威としては、円高元安のような状況の発生を挙げることができる。SWOT分析は、これら4つの要因全体を鑑み、現在の課題が何で、どう克服していくのか、また今後の成長の種はどこに潜んでおり、どのようなことに新たにチャレンジしていくのかを探り出すために活用される。

　SWOT分析では、ある資産が魅力的で独自性の高い評価が得られたとしても、プレイス全体として競争優位が保てるかの総合的な判断が必要となることに注意しておく必要がある。例えば、ある国において、世界遺産に指定された地域があった場合、それ自体は資産として強みではあるが、将来的に

国全体として技術先進国のイメージを訴求していくことになれば、アイデンティティに一貫性がとれなくなる恐れが出てくることにもなりかねない。そういった将来性も含めた総合的な判断も求められる。

　また、プレイスの本当の強みを見出すには競合の分析も欠かせない。例えば、海の美しいまちというのは世界中に存在しており、その中から自分たちのまちを選んでもらうためには、他のまちでは見られない絶景が楽しめるといったような付加価値が必要となる。そうした付加価値が加われば、顧客は渡航費用や移動時間、物価に関係なくその場所を訪れてくれる。そのような付加価値を見出すためには、訪問客が旅行に何を求めており、プレイスをどのように選んでいるのかを、競合比較の視点から把握しておくことが求められる。

　この分析では、競合との違いを視覚的に表すことができるポジショニング・マップを活用するのが有効だ。図3の事例を見てみよう。マップの配置から、自国のポジションが「寒冷気候のもとに広がる大自然」の位置にあることが一目でわかる。さらに、同類の競合国として他国Bが存在していることが確認できるが、両軸において自国の方が勝っており、強みがあることが理解できるだろう。

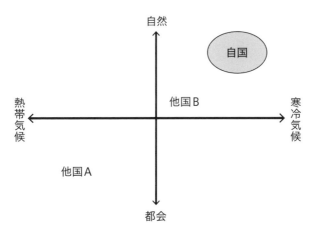

図3　ポジショニング・マップの活用例

もう１つが、顧客の認知状況に関する分析である。この分析により顧客がプレイスをどう見ているのかを把握した上で、それを手がかりとしてブランド構築の方向性を定めることが可能となる。顧客の認識を明らかにするには調査が有効だが、その際には、単なる好き嫌いではなく、ニーズや動機、満足度といった情報を聞き出すことが重要となる。それゆえ、単純な定量調査ではなく、インタビュー調査を実施することが望ましい。

　また、調査の対象は、訪問者だけに限定せず、未訪問者にまで広げるとなお効果的だ。未訪問者からの情報も加味することで、なぜプレイスが選ばれなかったのかについて分析が可能となるからである。アフリカ大陸の南西部に位置するナミビア共和国では、未訪問者へのインタビュー調査をもとに、観光戦略を大きく変換した経緯がある。当初、同国では海外観光客に向けて部族文化をアピールしていたが、インタビュー調査により部族文化に関心を持っていたのは未訪問者が圧倒的多数で、実際の訪問者からは大自然に胸を打たれたという意見が大多数という結果が得られた。この調査結果を踏まえて、ナミビアでは雄大な自然をアピールしていく方向に転換している。

3　ブランド構築

　プレイスのブランドを構築するには、そこに関わるあらゆるステークホルダー間で、先のブランド分析から得られた自身のプレイスの機能的な強みや情緒的な強みといった情報をしっかり共有することが必要である。それができていない場合には、各ステークホルダーは各自の利潤のみを個別に訴求するようになる。そして、そのような状態が長年続くと、プレイスとしての特徴は失われ、やがてはどこにでもあるような観光地になり、観光客の記憶から消え去ってしまう。それを防止するためにも、すべてのステークホルダーの協力のもとブランドを構築していくことが求められる。

　そのための指針となるツールがブランド構築モデルである。ここではサイモン・アンホルト氏が提示した「ブランド・ピラミッド・モデル」と「ブランド・ホイール・モデル」の２つのモデル[*2]を紹介しよう。

1) ブランド・ピラミッド・モデル

　このモデルでは、ブランドを構築する5つのステップがピラミッド状に示されている（図4）。下層から上層へとステップを踏んでいくことで、ブランドを構築していくことができる。

①合理的属性

　最初のステップは、ピラミッド最下層の合理的属性を特定することから始まる。プレイスの観光資産に対して訪問者が望んでいることを明らかにするステップで、先のSWOT分析や顧客調査の結果をもとに検討を行う。

②情緒的ベネフィット

　2つめのステップは情緒的ベネフィットの明確化であり、訪問者がプレイスに対して、どのような感情を得るかを明らかにする。ここでも、先の顧客調査の結果を参考に検討を行う。

③ブランド・パーソナリティ

　プレイスが訪問者に、どのように見られたいか、どのように語られたいかを明らかにする段階で、主に競合分析の結果をもとに導き出される。

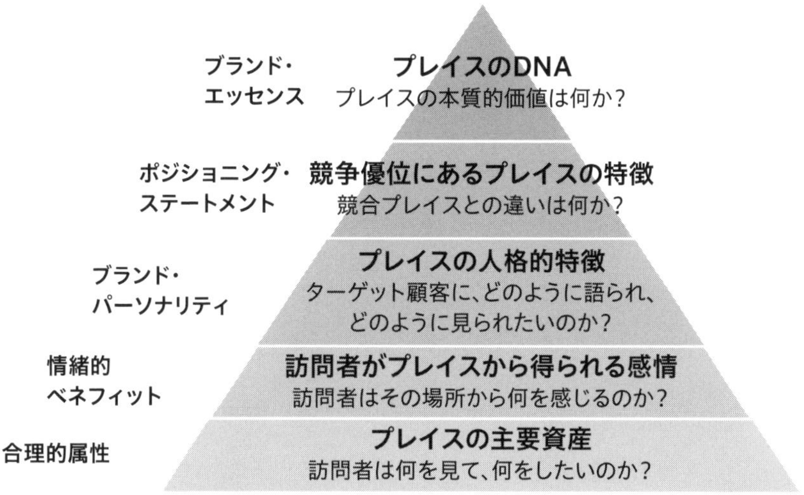

ブランド・エッセンス　**プレイスのDNA**
プレイスの本質的価値は何か？

ポジショニング・ステートメント　**競争優位にあるプレイスの特徴**
競合プレイスとの違いは何か？

ブランド・パーソナリティ　**プレイスの人格的特徴**
ターゲット顧客に、どのように語られ、どのように見られたいのか？

情緒的ベネフィット　**訪問者がプレイスから得られる感情**
訪問者はその場所から何を感じるのか？

合理的属性　**プレイスの主要資産**
訪問者は何を見て、何をしたいのか？

図4　ブランド・ピラミッド・モデル

(出典：UNWTO (2009) *Handbook on Tourism Destination Branding*, World Tourism Organization and European Travel Commission をもとに作成)

④ポジショニング・ステートメント

　ポジショニング・ステートメントとは、プレイスの要諦を短くまとめた言葉のことで、各ステークホルダーや代理店が行うマーケティング活動の指針となるものである。そのため、プレイスを強力にアピールし、なおかつ競合相手から差別化された表現を厳選することが求められる。このポジショニング・ステートメントは、時に広告のキャッチコピーやキャンペーン・スローガンと間違われることがあるが、あくまでマーケティング活動を行う際の判断軸として使用されるもので、消費者の目に触れるものではない。

⑤ブランド・エッセンス

　最上階に位置するブランド・エッセンスのステップでは、プレイスの核となる価値を数個の単語で表現する。

　先に紹介したナミビア共和国の事例について、アンホルト氏自身がモデルに当てはめたものが図5である。

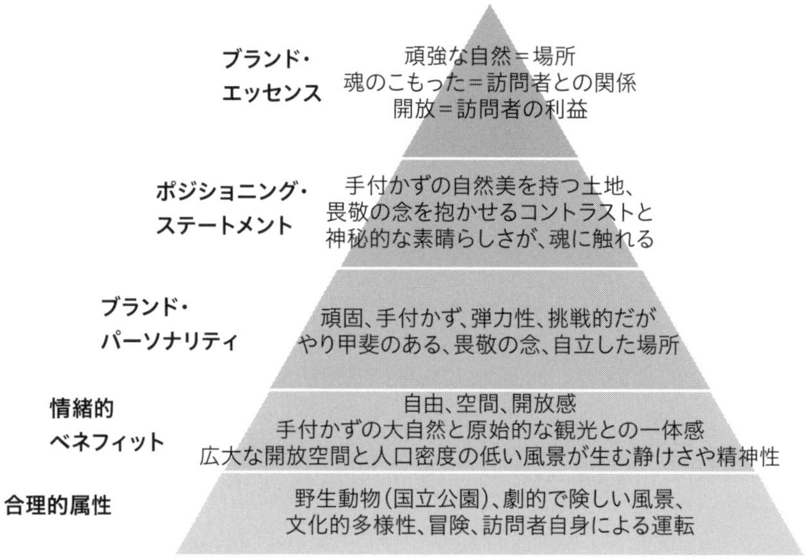

ブランド・エッセンス	頑強な自然＝場所 魂のこもった＝訪問者との関係 開放＝訪問者の利益
ポジショニング・ステートメント	手付かずの自然美を持つ土地、 畏敬の念を抱かせるコントラストと 神秘的な素晴らしさが、魂に触れる
ブランド・パーソナリティ	頑固、手付かず、弾力性、挑戦的だが やり甲斐のある、畏敬の念、自立した場所
情緒的ベネフィット	自由、空間、開放感 手付かずの大自然と原始的な観光との一体感 広大な開放空間と人口密度の低い風景が生む静けさや精神性
合理的属性	野生動物(国立公園)、劇的で険しい風景、 文化的多様性、冒険、訪問者自身による運転

図5　ナミビア共和国のブランド・ピラミッド (出典：図4に同じ)

2）ブランド・ホイール・モデル

　ブランド・ホイール・モデルは、前述のブランド・ピラミッド・モデルよりも多くの情報を含めることができ、ブランドの全体的なストーリーを表現することが可能なモデルである（図6）。そのため、ブランドを管理するマネジャーは、このモデルを通して、ブランドを構成する各要素を詳細に理解できるようになる。また、ブランドの構築や普及に関わるステークホルダーは、このモデルによりブランドの全体像を一目で理解することができる。

　このブランド・ホイールの構造上の特徴としては2点挙げられる。1つは、円の中心に抽象的な概念が配され、外側に向けてより具体的な概念になっていくこと。もう1つは、上下に2分割されており、上段にブランドの機能的な概念が、下段に情緒的な概念が振り分けられていることである。

　アンホルト氏は、このモデルをもとにスコットランドのブランド要素を図7のようにまとめている。同図は、スコットランドのNTOであるVisit Scotlandのホームページ上にも掲載されており、このモデルがブランド構築の指針として活用されていることが確認できる[3]。

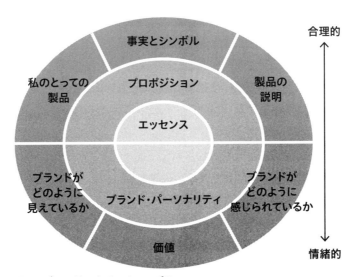

図6　ブランド・ホイール・モデル （出典：図4に同じ）

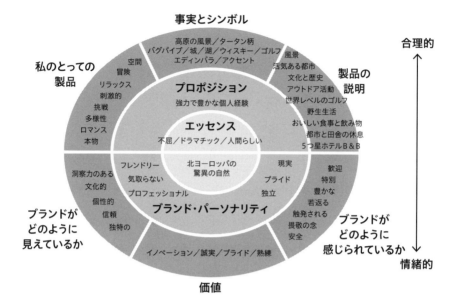

事実とシンボル

合理的

私のとっての
製品

空間
冒険
リラックス
刺激的
挑戦
多様性
ロマンス
本物

高原の風景／タータン柄
バグパイプ／城／湖／ウィスキー／ゴルフ
エディンバラ／アクセント

プロポジション
強力で豊かな個人経験

エッセンス
不屈／ドラマチック／人間らしい

北ヨーロッパの
驚異の自然

フレンドリー
気取らない
プロフェッショナル

ブランド・パーソナリティ

イノベーション／誠実／プライド／熟練

洞察力のある
文化的
個性的
信頼
独特の

ブランドが
どのように
見えているか

風景
活気ある都市
文化と歴史
アウトドア活動
世界レベルのゴルフ
野生生活
おいしい食事と飲み物
都市と田舎の休息
5つ星ホテルB＆B

製品の
説明

現実
プライド
独立

歓迎
特別
豊かな
若返る
触発される
畏敬の念
安全

ブランドが
どのように
感じられているか

情緒的

価値

図7　Visit Scotland のブランド・ホイール（出典：図4に同じ）

　このようなモデルが示されることで、ステークホルダー間で目標が共有されることにつながり、顧客に対して統一感のあるブランド・イメージを発信することが実現されている。

4　ブランド育成

　ブランドは一度構築して終了ではない。構築されたブランドを顧客に伝えなければ意味がなく、その点ではむしろブランド構築後の活動こそが重要だと言える。その際に欠かせないものが、各ステークホルダーによるブランドの育成活動である。

　ブランドを広めるにあたっては、先のブランド構築モデルに基づいて製作された観光案内のパンフレットや広告物、イメージ動画などを、一貫性を持たせて露出していく必要がある。そのためには、関与するステークホルダーが積極的にこれらを活用し、一丸となって顧客に向けて発信していくことが求められる。

こうしたステークホルダーによる積極的な活動を誘発するには、ステークホルダーと良好な関係を構築しておくことが鍵を握る。その関係構築には、ブランド構築プロセスの初期段階からステークホルダーを巻き込んでおくことが有効である。その際には、ステークホルダー内で、特に重要なキーマンを揃えたコア・グループを形成し、そこにブランディングの目的や意義を丁寧に説明することから始めるとよいだろう。

　このようにステークホルダーを早い段階から巻き込み、ディスカッションを繰り返していくことで、古くからの地元住民しか知らないような情報、さらには来訪者とは異なる生活者視点からの情報も得られる。時に、来訪者が事前に抱いているプレイスへのイメージと地元のステークホルダーがプレイスに抱いてきたイメージとの間には、発見しにくいギャップが存在している可能性もある。重要なのは、そのようなギャップを早い段階で明確にし、全ステークホルダーで共有しておくことである。そのギャップに気がつかないうちに来訪者が減少した場合には、打つ手が見つからず、対策が後手に回ることもありうるからだ。

　ステークホルダーを巻き込むための具体的なツールとしては、手法3で後述するブランド・ツールキットを配布することも有効だろう。ステークホルダーがブランドを身近に感じ、当事者意識を持って考え行動することが、ブランドを円滑に発信していくための近道なのである。

（長崎秀俊）

注
＊1　アル・ライズ、ジャック・トラウト著、川上純子訳 (2008)『ポジショニング戦略』海と月社
＊2　UNWTO (2009) *Handbook on Tourism Destination Branding*, World Tourism Organization and European Travel Commission
＊3　Visit Scotland のホームページ

ブランドを適切に管理する

1 ブランディングにおける中核概念と
   ブランド・エレメント

　ブランド戦略を組み立てていく際には、まず自分たちの意志、そして地域の特性、ターゲット顧客の行動特性や思考傾向、さらには市場環境などの情報を多角的に収集・分析した上で、これから目指すべき方向性をブランドの「中核概念」としてまとめることが求められる。この中核概念は、ブランドの考え方と表現の拠りどころとなるものとして位置づけられる。また、ブランドを管理していく際の拠りどころとしての役割も果たすことになる。

　そして、この中核概念をもとに定められたブランドの方向性は、ブランドを表現するすべての関係者に共有される必要がある。そこで有効となるものが「ブランド・エレメント」であり、ブランドを表現するエレメントに対して視覚面および言語面で規定を設けることで、定められた方向性に沿って効率的にブランドを具現化することが可能となる。

2 中核概念の策定プロセス

1 ブランドの中核概念とは

　ブランドの中核概念とは、前述の通り、ブランドの考え方と表現の拠りどころとなるものであり、ブランディングに携わる関係者がブランドの方向性を理解・共有するためのものである。

PURPOSE	POSITIONING	PEOPLE AND INSIGHT
ブランドの存在理由	ブランドが市場にもたらす優位性	焦点をあてるターゲットの個性
VALUES	PERSONALITY	DRIVERS
ブランドの行動を定義づける価値観	ブランドの持つ性格	ターゲットに選ばれるための価値提供

BRAND PROMISE
ブランドが持つべき、生活者や顧客にとって最も魅力的な考え方

EXPERIENCE PRINCIPLES
タッチポイントを通じて人々の体験を進化させる、
ブランド表現の根幹となる原則

図1　インターブランド社のブランド定義モデル (出典：インターブランド)

　その中心となるものが「ブランド・プロミス」だが、このブランド・プロミスだけでは受け手によって理解や解釈にバラつきが出る可能性が高い。そこで、これを実際の顧客体験につなげる商品・サービスの開発、コミュニケーション戦略の立案やクリエイティブ表現の開発などの際に関係者の理解がずれないように、ブランド・プロミスに至るプロセスも構成要素として合わせて定義し、ストーリー化する。

　このように中核概念の方向性をストーリーとして整理し、要約するためのツールがブランド定義モデルで、ブランド・オーナーの視点、市場の視点やターゲットの視点なども踏まえた複数の構成要素で成り立っている。ブランド定義モデルには、手法1に示したブランド・ピラミッド・モデルやブランド・ホイール・モデルなど、いくつかのモデルがあるが、ここではインターブランド社のブランド定義モデルを使って説明しよう（図1）。

　中核概念の策定にあたっては、まず情報を収集し、分析することからスタートさせる。その後、それらのアウトプットをこのツールを使って整理・要約し、中核概念を定めていく。

2　情報収集・分析

　中核概念の策定に向けた情報は、以下の3つの視点に基づいて収集・分

析を行う。

1）ブランド・オーナーの意志

　ここではプレイス・ブランディングの戦略を構築する当事者だけでなく、活動に携わる組織や人も含めて「ブランド・オーナー」と位置づける。まずは、地域の風習や文化、観光に関連する歴史や資源などをしっかり把握した上で、ブランディングの主体となる政府観光局やDMO、誘客の中心的役割を担う施設など複数のキーパーソンにインタビューを行う。このインタビューをもとに、ブランドの強みや弱みを把握する。また、地域住民とのワークショップなどもこのプロセスでの有効なインプットとなる。

　これらの作業をもとに、自分たちがこのプレイスをブランドとしてどうしていきたいのかという「意志」を明確にしていく。

2）顧客インサイト

　ターゲットと想定する顧客層の興味・関心や期待がどこにあるのか、そして、その心理がどこから生じているのかを探る。特にプレイス・ブランディングでは、日本人にとってはまったく特別に感じない経験が、海外旅行客にとっては特別な非日常の体験として感じられるというケースも十分にありうる。それゆえ、日本人の常識に当てはめることなく、客観的に調査する姿勢が求められる。また、定量・定性調査のみならず、インターネットやSNSで発信されている情報などについても様々な観点から分析を行う必要がある。

3）競合との差別化

　自分たちのプレイス・ブランドがブランド力を上げていくためには、他の競合にはない独自のポジションを確立することが求められる。これが「差別化」であり、その実現には競合ブランドの分析が欠かせない。

　分析においては、競合するプレイス・ブランドに関して「どのようなブランド・プロミスを策定しているのか」「どのような世界観を展開しているのか」といった観点に加えて、「ブランディングの結果、顧客にどのように評価されているのか」についてもしっかりと分析を行う。その上で、自分たちのプレイス・ブランドの現状を客観的に評価し、今後の市場ニーズも考慮に入れつつ、これから目指すべきポジショニングを検討していく。

3　ブランド定義モデルによる中核概念の明確化

　以上の情報分析の結果を、図 1 として紹介したブランド定義モデルを使って整理し、中核概念を明確にしていく。

　まず、ブランドの基盤となる以下の 3 つの考え方を整理する。

　① PURPOSE（ブランドの目的）

　　「そのブランドは、なぜこの世界に存在するのか？」：プレイス・ブランディングにおいては、そのブランド（地域）がこの世界の人々にとって存在する意義を定義する。

　② POSITIONING（ブランドの立ち位置）

　　「その世界でどのような役割を担うのか？」：プレイス・ブランディングにおいては、市場の中でどのような観光資源やサービスで競争力を示していくかを定義する。

　③ PEOPLE AND INSIGHT（人々の深層心理）

　　「それは、誰のどのようなツボをおさえるのか？」：プレイス・ブランディングにおいては、ブランドを通じて働きかけていくターゲット顧客を明確にし、その人々の深層心理を定義する。

　続いて、ブランドの基盤をアクションに結びつける、以下の 3 つの要素を整理する。

　④ VALUES（価値観）

　　「ブランドの目的を果たすための行動とは？」：プレイス・ブランディングにおいては、PURPOSE を実現するために、ブランド・オーナーがどのような価値観をもってブランドづくりに取り組むのかを定義する。

　⑤ PERSONALITY（ブランドの個性）

　　「ブランドがまとう雰囲気や印象とは？」：プレイス・ブランディングにおいては、市場で競合となるプレイス・ブランドとの差別化を考えながら、どのような際立った個性を持つべきかを定義する。

　⑥ DRIVERS（提供価値）

　　「ブランドがもたらす具体的なメリットとは？」：プレイス・ブランディングにおいては、ターゲット顧客を誘客するために、彼らがどのような

ベネフィットを求めているのかを明らかにし、定義する。

そして、①〜⑥までを踏まえて、ブランド・プロミスに端的にまとめていく。

⑦ BRAND PROMISE（ブランドの約束）

「どのような期待に応え、魅力を提供し続けるか、ブランドが本質的に約束することとは？」：プレイス・ブランディングにおいては、「ターゲットとなる来訪者にとって思わず惹きつけられるような、そのプレイス・ブランドにしかないブランドの核となる特徴」を指し、政府観光局やその地域の DMO の立場から言い換えれば、「自分たちのプレイス・ブランドならではの価値」「他のプレイス・ブランドとは差別化された価値」「地域関係者の活動の原点になるもの」を定義する。

⑧ EXPERIENCE PRINCIPLES（ブランド体験づくりの指針）

「ブランド・プロミスを届けるために、どのような体験をつくっていくべきか？」：プレイス・ブランディングにおいては、ブランド・プロミスを適切に届けるために、観光資源などの写真の撮り方なども含めた、体験づくりのためのクリエイティブワークを企画する際の判断基準となる表現開発の指針を定義する。

これら 8 つの構成要素を自分たちのブランドの「目指すべき姿」として言葉に収斂させていくことで、中核概念が明確に定義され、すべての関係者がこの中核概念をストーリーとして理解することが可能となる。具体的には、継続的なブランディングやマーケティング活動において、サービスの開発や改善、コミュニケーション戦略の立案や実行、そしてウェブサイト・広告・パンフレットなどでのクリエイティブワークにおける判断基準として有効に機能するのである。

また、ここで導き出されたブランド・プロミスは、すべての関係者間で共有していくことが求められ、対外的なブランド・スローガン（ブランド・ステートメントやタグラインと呼ばれることもある）としても使用されるケースも多い。その観点から、ブランド・プロミスは「理解しやすく、覚えやすい言葉で表現されていること」「端的に 1 つの価値に絞り込まれていること」「商標として保護される表現であること」が理想的である。

3 ブランド・エレメントの構築

1 タッチポイントの把握

　ブランドの中核概念がいかに独自性が高く、差別化されたものであったとしても、それを顧客が体験するものとして具体化されなければ意味がない。その点で、中核概念をクリエイティブに表現することは極めて重要である。そういったクリエイティブな表現とは、広告やウェブサイトのみならず、顧客の体験に関わる様々な形の表現すべてが対象に含まれる。

　こういった中核概念が具体的に表現されたものを「タッチポイント」（製品、サービスや広告などが直接顧客に触れるものや場所を表し、「顧客接点」とも呼ぶ）と言う。プレイス・ブランディングの場合、タッチポイントはかなり幅広く膨大で、広告やウェブサイト、パンフレットといったコミュニケーションツールをはじめとして、土産物などの商品や地域内のアクティビティ

図2　クアドラントモデル (出典：インターブランド)

施設に至るまで、その形態も様々である。

　そして、クリエイティブな表現を考えていく上では、ブランドの体験につながるこうしたタッチポイントを把握することがまず求められる。ここでは、その作業の際に参考となるインターブランド社の「クアドラントモデル」を紹介する（図2）。このモデルでは、タッチポイントを「プロダクトとサービス」「空間・環境とチャネル」「人々と行動」「コミュニケーション」の4つに分類する。その上で、それぞれのタッチポイントでブランド・プロミスが適切に反映されているかを分析、マネジメントしていくものである。

　分析においては、物理的・機能的なことだけでなく、雰囲気やテイストといったブランディングに重要な情緒的なことも把握していく必要がある。そして、ここでは現状のタッチポイントの実態とともに、今後このブランド・プロミスを実現していくために必要となる新たなタッチポイントも合わせて確認し、検討していくことが大切である。

2　ブランド・エレメントの構築

　ブランドの個性を印象づけるためには、ブランドがいかに視覚的に表現されているか、言葉として表現されているかが極めて重要な鍵を握っている。この視覚面（ビジュアル）と言語面（バーバル）からブランドらしさを表現する諸要素を「ブランド・エレメント」と言い、これらを戦略的に構築していくことで、ブランドをより効果的かつ魅力的に表現することが可能となる（図3）。

　ブランド・エレメントの各要素の概要は、以下の通りである。これらの要素に関して規定を設け、各関係者間で共有化を図ることで、ブランド表現（タッチポイント）に一貫性を保つことができる。

1）ビジュアルアイデンティティの諸要素

①トーン・アンド・マナー

　一貫したブランド表現を行うために定められた作法。例えばウェブサイトであれば、ヘッダーやフッター、全体の色調などに関してトーン・アンド・マナーを規定することで、統一感を図ることができる。

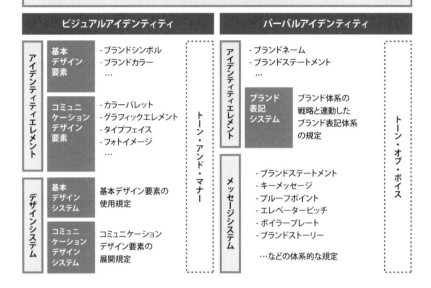

図3　ブランド・エレメントの諸要素
（出典：インターブランドジャパン編著（2017）『ブランディング　7つの原則』日本経済新聞出版社をもとに一部加筆）

②ビジュアルアイデンティティ・エレメント

〈基本デザイン要素〉

　ブランドを視覚的に表すもので、ブランド・シンボル（ブランド・ロゴ）やブランドを象徴する色（ブランド・カラー）などが含まれる。

〈コミュニケーションデザイン要素〉

　先述のように、プレイス・ブランディングではブランドのタッチポイントが幅広く多様なため、このコミュニケーションデザイン要素をシステム化し、効果的に使用することで、ブランドの独自性をより効果的にアピールしていくことが可能になる。

　・カラーパレット

　　ブランド・カラーとは別に、タッチポイント別に色の表現が求められるケースなどで複数の色が必要となることがある。その際の色を設定したものがカラーパレットで、独自のカラーパレットを活用することでブラ

ンドらしさが感じられる色調展開が可能になる。

・グラフィックエレメント

　ブランドらしさを視覚的に印象づけるための要素で、ブランド・シンボル以外にビジュアル表現を行う際に用いる。

・タイプフェイス

　ブランドに関する情報を言語で表現する際に用いる書体のこと。既成のフォントから選ぶ場合が大半だが、オリジナルの書体を開発する場合もある。

・フォトイメージ

　ブランドの印象を大きく左右するのが写真である。プレイス・ブランディングでは、様々なタッチポイントで使用されるため、撮影方法や選定方法についてあらかじめ基準を示しておくことが有効である。

2) バーバル・アイデンティティの諸要素

①トーン・オブ・ボイス

　ブランドを言葉で表現する際に一貫性をもってメッセージを伝えるために定められた作法のことで、言葉による表現の調子、語り口を統一して、ブランドのメッセージを伝えるためのものである。タッチポイントごとに表現の異なるブランドでは、顧客からの信頼を損なう恐れがあり、伝達力も乏しくなる。そのため、ブランドらしさが伝わる表現の調子や語り口などをトーン・オブ・ボイスとして規定しておくことが望ましい。

②バーバルアイデンティティ・エレメント

〈ブランド・ネーム〉

　ブランディングの際の出発点となる基本要素の1つである。プレイス・ブランディングでは、ブランドとして前面に出していく地名や商品などをブランド・ネームと位置づけ、必要に応じて商標登録を行い、法的にも保護していくことが求められる。

〈ブランド・ステートメント〉

　ブランド・プロミスを端的に言葉で表現したもので、「タグライン」あるいは「ブランド・スローガン」とも呼ばれる。プレイス・ブランディングで

は、ニューヨーク市の「I Love NY」のようにブランド・シンボルと同様の機能を果たす場合もある。

〈ブランド・ストーリー〉

　ブランドの理解を促し、共感を抱いてもらうために開発する物語で、ブランドの歴史やそこで培われてきた価値、他にはない資産、目指す姿など、ブランド・プロミスに込めた思いを盛り込んだものである。これを活用することにより、目指すべきブランドのイメージを具体的に伝えることが可能となり、特にブランド・オーナー側のブランドに対する意識を高めるのに有効である。

〈メッセージシステム〉

　先に述べたトーン・オブ・ボイスが「どう言うか（How to say?）」であったのに対して、メッセージシステムは「何を言うか（What to say?）」を体系的にまとめたもので、様々なタッチポイントが発信するメッセージに整合性・一貫性を持たせるためのガイドと位置づけられる。特にプレイス・ブランディングにおいては、プレイス内の多種多様な特徴を個性的かつ魅力的に伝えていくために、しっかりとしたメッセージシステムをつくり上げ、共有していくことが求められる。

（光畑彰二）

ブランド・ツールキットを作成する

1　ブランド・ツールキットとは

　読者の皆さんは、「ツールキット」と言われると、チラシやポスター、パンフレットなどを想像されるかもしれない。しかしながら、ブランド・ツールキットは「ブランド・ガイドライン」「ブランド・マニュアル」「ブランド・ハンドブック」「ブランド・ブループリント」とも呼ばれ、いわゆるガイドラインに位置づけられるものである。国連世界観光機関（UNWTO）では、このブランド・ツールキットについて「DMO では、マーケティング・コミュニケーションを実行する上で、ブランディングをどのように実践するのかについて理解を深める必要がある。その実務で具体的に何を行うべきかの指針となるのが、ブランド・ツールキットである」[*1] と定義している。

　ここで「マーケティング・コミュニケーション」という用語が登場しているが、マーケティングの世界的権威のフィリップ・コトラー氏とケビン・レーン・ケラー氏は、「統合型マーケティング・コミュニケーション (Integrated Marketing Communication：IMC)」という言葉に関して、「統合型マーケティング・コミュニケーションとは、消費者に向けて価値を創造し、伝達し、提供するために完全に統合されたマーケティングである。主要テーマは、①価値を伝達し提供するために多彩なマーケティング活動を利用することと、②すべてのマーケティング活動をうまく連携させてジョイント効果を最大化することである」[*2] と説明している（統合型マーケティング・

コミュニケーションについては手法4にて後述)。

　なお、ブランド・ツールキットをロゴと捉えている人が少なくないが、ブランド・ツールキットはあくまでガイドラインである。その中では、各DMOが「どのようにブランドが誕生したのか」「どのようにブランド・アイデンティティを表現するのか」「どのように競争力ある観光体験を届けるのか」を明確に示しておくことが求められる。そうした道のりが明示されることで、ビジネス・パートナーにとってはDMOと共に歩んでいこうという気持ちが高まることにつながり、各ステークホルダーの中にもDMOが掲げたブランド・プロミスを応援していこうという気運が高まることになる。

2　ブランド・ツールキット作成時の注意点

　プレイス・ブランディングの研究者であるビル・ベイカー氏は、ブランド・ツールキットを作成する上で、マーケティングやブランドに精通していない素人が関与する場合のリスクについて指摘しており、特に社外の複数のステークホルダーで構成されるブランド・アドバイザリー委員会を立ち上げる際に生じうる状況として以下の3つを挙げている[*3]。
　①プロが作成したデザインや表現などに対して、自分があたかもプロになったかのように自分の好みを一方的に主張する。
　②デザイン性の高いフォントが使われていたり、現代アートの要素が含まれていたりすると、強い拒否反応を感情的に示すことがある。
　③敵対心を抱く委員がいると、むやみに反対意見を述べる。
　さらにベイカー氏は、こうした状況は決断を無駄に遅らせることにつながり、時間とエネルギーのロスだと指摘している。それゆえ、ブランド・ツールキットを作成するプロセスにおいては、マーケティングとブランドの理論を熟知し、客観的な意見を主張することができるプロのブランドコンサルティング会社と協働することが望ましい。ベイカー氏は、そうしたコンサルティング会社が、素人の集団に対して、ロゴなどのデザインの話だけにとどまらず、ブランドに関する理解を促進させる役割も果たすとしている。

3　社内・社外教育におけるブランド・ツールキットの活用

　UNWTO では、ブランド・ツールキットを DMO の社内教育の基礎となるものとして位置づけている。それゆえ、各 DMO の内部では、ブランド関係の部署のみならず、すべてのスタッフがブランド・ツールキットの内容をしっかりと理解しておくことが求められる。

　また、ブランド・ツールキットはいったん作成すれば完成というものではなく、最新のマーケティング環境と照合しながら、半年あるいは 1 年おきに修正を実施し、更新していく必要がある。その際には、すべてのスタッフがいつでも最新の情報を確認できるように、インターネットを活用することも重要となる。

　UNWTO によると、2008 年時点で世界各地の DMO の 79％がブランド・ツールキットを作成しているという調査結果が報告されている[*4]。

　一方で、DMO 内のスタッフ以外のステークホルダーや旅行業に携わる人々にも活用することを推奨しており、それを踏まえた上で作成する必要性を説いている。それゆえ、ブランド・ツールキットでは、長い文章をだらだら書くのではなく、誰にでも理解できる言葉を用いて、簡潔明瞭な文章でわかりやすく記述されることが求められる。読んでワクワクした気持ちになるようなツールキットが、ステークホルダーのやる気を高め、ひいてはブランディングの促進につながるのである。

4　マーケティングにも有効なブランド・ツールキット

　ブランディングを成功に導くには、ブランドをすべてのマーケティング活動に落とし込む必要があるが、その際にもブランド・ツールキットを有効に活用することが望ましい。

　まず、顧客の目に触れやすい新聞や雑誌、インターネット、イベントなどにおいて、一貫性のある情報を届けることが求められる。これらに関して

は、広告代理店やPR会社などが関与することも想定して、ブランド・ツールキットにおいてこうしたビジネス・パートナーに向けたガイドラインもしっかりと示しておく必要がある。

　一方、発注側のDMOのニーズを理解させるためには、「どのような思いからブランドの導入に至ったのか」「ブランドを通して何を達成しようとしているのか」といった事柄をブランド・ツールキットに明示しておくことが重要である。加えて、手法2で紹介したトーン・アンド・マナーなどに関する規定、さらには写真やイラストに関する基準なども記載しておくと良いだろう。万全のブランド・ツールキットが準備されていれば、広告代理店やPR会社が変更になった場合にもブランドの一貫性が担保されることになる。

（宮崎裕二）

注
＊1　UNWTO（2009）*Handbook on Tourism Destination Branding*, World Tourism Organization and European Travel Commission
＊2　フィリップ・コトラー、ケビン・レーン・ケラー著、恩藏直人監修、月谷真紀訳（2008）『コトラー＆ケラーのマーケティング・マネジメント（第12版）』ピアソン・エジュケーション、pp.24-25
＊3　B.Baker（2012）*Destination Branding for Small Cities: The Essentials for Successful Place Branding*, Creative Leap Book, pp.135-137
＊4　前掲＊1、p.154

マーケティングを統合する

1 統合型マーケティング・コミュニケーションの重要性

マーケティング・コミュニケーション（広告、広報、デジタル、イベント、制作物その他すべて）を通してデスティネーションの魅力を創造的に伝えない限り、市場においてデスティネーションへの興味を引き出すことはできない。ブランドへ命を吹き込み、ブランドの価値を育成し、保持するマーケティング・コミュニケーションの活動は、ブランディングの過程として重要であり、最大限の効果が求められる。そこで、あらゆるマーケティング・コミュニケーションの活動をシンクロさせて相乗効果を生み出す有効な手法が、「統合型マーケティング・コミュニケーション」である。

ブランドの理論的基盤（ブランド・ピラミッド・モデルやブランド・ホイール・モデルなどのブランド・メソッド、手法１参照）に従って、一貫したブランド・エッセンス（ブランドの価値を集約したもの）、ブランド・バリュー、ブランド・ポジショニング、ブランド・パーソナリティ（ブランドの個性）を様々なメディアを統合しながら継続的に伝えていくことは、シンプルなプロセスではあるものの、非常に専門性が高く、創造力を要する作業である。

そうした統合型マーケティング・コミュニケーションを成功に導くためには、前節の手法３で紹介したブランド・ツールキットのようなガイドラインと、熱意と創造力にあふれるマーケティング担当者が必要となる（担当者

については手法6と7で後述）。また、DMOがリーダーシップをとり、各ステークホルダーに対して、マーケティング・コミュニケーションの活動の方向性を共有し、ステークホルダーの活動を互いにリンクさせることで効果を上げることも求められる。ブランド・エッセンスやブランド・パーソナリティが十全に統一されていないメッセージを発信することは、顧客に混乱を招き、ブランドを弱体化させることにもつながりかねない。

　マーケティングの世界的権威であるフィリップ・コトラー氏とケビン・レーン・ケラー氏は、手法3で前述した通り、統合的マーケティング・コミュニケーション（Integrated Marketing Communication：IMC）について「統合型マーケティング・コミュニケーションとは、消費者に向けて価値を創造し、伝達し、提供するために完全に統合されたマーケティングである。主要テーマは、①価値を伝達し提供するために多彩なマーケティング活動を利用することと、②すべてのマーケティング活動をうまく連携させてジョイント効果を最大化することである」と説明している[*1]。

　また、2008年に国連世界観光機関（UNWTO）が世界165のDMOに対して「どのような努力によりブランド戦略を成功することができたか？」というアンケート調査を実施したところ、①マーケット・リサーチ（質的調査と量的調査）を実施した、②ブランド・ツールキットをしっかりと精査した、③統合型マーケティング・コミュニケーションを実行した、という3つの回答が得られたとされている[*2]。この調査結果からも、統合型マーケティング・コミュニケーションの導入がグローバルレベルのDMOの趨勢となっていることがうかがえる。

2　統合型マーケティング・コミュニケーションの実践

　こうした統合型マーケティング・コミュニケーションを具体的に実践するにはどうすればよいのだろうか。

　ウォルト・ディズニー・デスティネーションズ社では、詳細に規定されたコピーライト・ガイドラインを遵守する旨を契約旅行会社との契約書に盛り

込んでおり、厳しく管理している。写真はトリミング不可、すべて四角のままで使用し、またアトラクションの名称などディズニーに関わる言葉についても一字一句変えずに指示通りに記載しなければならないなど徹底されている。

一方、UNWTOでは「ブランド・パーソナリティ」と「クリエイティブ・デザイン」に関するガイドラインを作成しており、DMOのスタッフおよびステークホルダーへの周知を促している（表1、2）。

表1 ブランド・パーソナリティに関するUNWTOのガイドライン

1	ブランドとは何かを定義
2	デスティネーション・ブランドの価値と目的の説明
3	使用すべきマーケティング（広告、広報、製作物、ギブアウェイ、イベント、セミナーなど）に関する指示
4	ブランド構築モデル（ブランド・ピラミッド・モデルやブランド・ホイール・モデル）の利用による自身のデスティネーション・ブランド・バリューの説明
5	マーケティング・コミュニケーションにブランド・パーソナリティを反映させるための具体的な使用方法
6	トーン・オブ・ボイス：マーケティング・コミュニケーションで使用されるキャッチ・コピーや文章のトーンに関する指示
7	ビジュアルイメージ：視覚的イメージのスタイルに関する指示。デスティネーションのストーリーを伝えるための写真や映像に関する指示
8	具体例：良い例と悪い例の両方を提示。デスティネーションのブランド価値をどのように反映するか、どのように反映しないかを明示

表2 クリエイティブ・デザインに関するUNWTOのガイドライン

1	フォント（書体）：フォントを決定し、すべての印刷物およびデジタル・プラットフォームで一貫して使用することを指示
2	カラー：ブランドの表現にふさわしい色に関する設定
3	ビジュアル素材：解像度など写真・映像に関する技術的な要件を指定
4	ロゴ：色、サイズ、位置、背景、使用方法に関する指示
5	許可：ロゴや写真などに関する使用条件、使用可能期間の指定
6	連絡先その他の詳細情報：各種問い合わせ先、電話番号、メール、ウェブアドレス

3　マーケティング・プログラム・ブリーフィング・フォームの利用

　予算を最大限有効に使用し、最大の効果を発揮するための統合型マーケティング・コミュニケーションの戦略を立てる際には、「マーケティング・プログラム・ブリーフィング・フォーム（要旨申請書）」の利用をおすすめする。

　この申請書は、いわゆるロードマップのようなものであり、個々のマーケティング活動の詳細を記入した上で、そのプログラムをブランド・パーソナ

表3　UNWTOがマーケティング・プログラム・ブリーフィング・フォームに盛り込むことを推奨している項目

背景	・自身のデスティネーションの現状（成熟度、進行状況など） ・市場における自身のデスティネーションの認知度 ・過去の広告とその結果 ・競合デスティネーションの現状と比較 ・その他参考となる研究や調査
目的	・達成したい目的と目標 ・プログラム終了後の結果の測定方法
ポジショニング	・キーメッセージ（1つに絞ること）
正当性／意義	・ブランドをバックアップするためのポジショニングの理由 ・ブランドのポジショニングをバックアップするための他の要素 ・メッセージをサポートするポイント
ターゲット	・誰に伝えたいのか（第1ターゲット、第2ターゲット） ・関連するステークホルダー
トーン・オブ・ボイス	・メッセージをどのようなトーンで伝えるか
期待する反応	・広告を見た後に消費者に期待する行動 ・長期的な反応を望むか、短期的だが強い反応を望むか ・認識を変えることが必要かどうか
手段	・広告、広報、その他メディアの種類 ・戦略 ・期間
予算	・予算の分配
その他の必須情報	・ロゴ、スローガン、問い合わせ先などの必須項目

リティのガイドラインやクリエイティブ・ガイドラインの観点からブランド・マネジャーが精査する。また最終的には、プログラムの遂行に許可を与える人／グループ／会議でコンセンサスをとるためにも有効である。

こうしたフォームを準備することは、ブランド・パーソナリティの統一を可能にする以上に、全体を俯瞰してみることで、想像力に富んだ刺激的で説得力のあるマーケティングの実現につなげることができる。

なお、UNWTOでは、表3に示す項目をマーケティング・プログラム・ブリーフィング・フォーム（要旨申請書）に盛り込むことを推奨している。

4　ブランドの構成要素に関する留意点

ここでは、統合型マーケティング・コミュニケーションにおいて重要な要素である「ロゴ」「スローガン」「キービジュアル」「キャラクター」について留意点を述べる。なお、こうした要素の製作に関わる管理者が多すぎたり、ステークホルダーの意向に配慮しすぎると、本来の意味から離れてしまう恐れがあるため注意を要する。

1　ロゴ

ロゴ自体はブランドではないが、デスティネーションの真髄を正しく伝えるような魅力的なデザインが施され、継続的に使用されれば、時間とともに市場で認知度が高まり、デスティネーションのシンボルとなるため、ブランドの認知に大きく貢献することになる。

デザインにあたっては、小さなロゴのデザインの中にデスティネーションのすべてを表現することは不可能であることに注意を要する。ロゴに多くの情報を詰め込めば詰め込むほど明快さと独自性を失うため混乱を招く恐れがあり、その結果、消費者に認識されず、記憶にも残らないということにもなりかねない。

したがって、市場への即効性のあるインパクトを備えたデザインがなされたもの以外は、デザイン性そのものよりも、継続して使われることでその価

表4　UNWTO によるロゴに関する注意点

1	魅力的なデザインとする。作成の際には、主要なステークホルダー内で反応をテストするなどして討議すること
2	シンプルで、インパクト、独自性があり、記憶に残るものとする。デザイン要素は少ない方が良く、最大でも3要素まで。3つめの要素を入れる場合には慎重にデザインする
3	カラーと白黒の両方で表現できるものとする
4	サイズが変わっても判読可能なデザインとする
5	あらゆるメディアでの使用に適応できるものとする
6	すべてのマーケティング・コミュニケーションに、長期にわたり継続的に使用する
7	単独で使用せず、写真やテキストとともに使用する

値が高まることになる。よって、DMO でロゴの変更を考える場合には、ロゴの真の役割を明確に理解した上で、ステークホルダーや顧客の間で長年構築されてきた当初のロゴの価値が失われることのないよう慎重に検討を行い、変更の長所と短所を明確にして決定することが求められる。

　なお、UNWTO では、ロゴに関して表4に示す注意点を挙げている。

　具体的な事例として、ニューヨーク市観光局（NYC & company）では、観光局のロゴに加え、警察や消防などの公的機関のロゴライセンスを民間企業へ供与し、公式商品を世界28の国と地域で販売しており、観光客誘致に一役買っている。デザイン性の高いロゴがデスティネーション・ブランドに貢献していることを示す好例の1つと言えるだろう。

2　スローガン

　スローガンに関しても、ロゴと同様、デスティネーションのブランド・エッセンスが明確に示され、その特性や価値が十分に伝わり、顧客にインパクトを与え、記憶に残るものでなければならない。

　その優れた例として、UNWTO ではクロアチアの「The Mediterranean As It Once Was（地中海　かつてのままに）」というスローガンを挙げている。短い文言ながらも、市場におけるポジションとターゲットを明確にし

た上で、歴史と平穏、伝統と自然への敬意というブランド・エッセンスが伝わってくる。

　ブランドのポジショニングを明確に投影し、情緒に訴えるような簡潔なスローガンをつくることができない場合には、デスティネーションを定義する説明的なスローガンを用いることが望ましい。場合によっては、説明的なスローガンの方が情緒的なスローガンよりもインパクトをもたらすこともある。UNWTO では「ペルー　インカの国」「インスブルック　アルプスの首都」などを優れた例として紹介している。一方で、どの国や地域にも当てはまるような「アジアの秘密」「コントラストのある国」などは好ましくないと位置づけている。

　もう一つの方法として、市場別またはターゲットセグメント別に異なるスローガンを用いることも有効である。「スポーツの年」「文化の年」など、年単位のマーケティング・キャンペーンに応じてスローガンを変更したり、文化や宗教などの慣習を加味してターゲットとする国や地域ごとに違ったスローガンを用いるといった方法も考えられる。

3　キービジュアル

　キービジュアルはデスティネーション・マーケティングには必要不可欠なものとして位置づけられるが、作成の際にはブランド・パーソナリティに沿っていること、また情報を詰め込みすぎないこと、そのデスティネーションにしかないものをビジュアルとして利用し、差別化を図ることが求められる。

4　キャラクター

　日本の各自治体では、独自のユニークなキャラクターを所有し、デスティネーション・プロモーションにもシンボルとして活用しているところが多い。対して、欧米では、ミッフィー（オランダ）やピーターラビット（イギリス）といった既存のよく知られたキャラクターを縁のある土地と絡めてプロモーションをしたり、デスティネーションと関連する有名俳優やスポーツ選手を限定的にプロモーションに利用することはあるが、独自のキャラク

ターを作成しているところはほとんどない。その理由には、独自のキャラクターではデスティネーションのストーリーを表現できず、顧客に理解してもらうことが難しいことが挙げられる。この点に関しては、日本も再考が必要である。

5　統合型マーケティング・コミュニケーションと広報活動

　都道府県や市町村レベルのDMOでは、広告予算を潤沢に確保しているところはめずらしく、有償である広告の実施には限界がある。そこで重要となるのが、広告ではなく、広報活動である。消費者側から見れば、強制的に見せられる広告よりも、メディアやインフルエンサー等の第三者を通じて自然な形で伝達されてくる広報による露出の方が印象に残りやすく、広告に比べて信頼性も高いと言われている。

　具体的には、ステークホルダーの中からパートナーを選択し、共同で広報活動を行うとよい。予算を確保している民間企業のステークホルダーなどがあれば、そこに便乗して効果を上げることもできる。

　ただし、宣伝効果が大きい広報の機会であっても、ブランド・パーソナリティにそぐわない場合には断る勇気を持つことも大切である。その判断には先述のマーケティング・プログラム・ブリーフィング・フォームを利用して、デスティネーションのブランド・イメージやDMOが目指す方向性と照合するとよいだろう。こういった決断が、ブランドを守ることにつながるのである。ファミリーを第1ターゲットにしているディズニーでは、酒類やたばこのプロモーションに関与していないように、パートナーについて基本条件を決めておくことも必要だろう。

6　グローバル市場での展開における注意点

　グローバル・ブランド戦略におけるマーケティング・コミュニケーションの活動では、市場の文化的背景やデスティネーションの成熟度を考慮してグ

ローバルで標準化するべきか、各市場に適応化するべきかを決定する必要がある。

　筆者がアラスカ観光協会に従事していた当時、日本〜アラスカ間の直行便の運航が開始された。その時点では、日本におけるデスティネーションとしてのアラスカのポジショニングは大変未熟で、アウトドア好きな人々に加え、オーロラ観光に火が付きはじめたばかりという極めてニッチな市場であったため、市場の緊急育成が求められた。

　アラスカ観光協会の本局では、「Beyond your dream　Within your reach（あなたの夢以上のものが、手の届く範囲にある）」というスローガンとデナリ山のビジュアルを使用し、アメリカ市場およびグローバル市場に向けて統一されたメッセージでマーケティング・コミュニケーションの活動を行っていた。スローガンを日本語に翻訳するだけではまったく説得力に欠けていたため、ブランド・エッセンスおよびブランド・パーソナリティを変えずに、意訳をベースに日本語での新しいスローガンを製作し、直行便の立ち上げ期間限定で使用された。日本市場ではアラスカ旅行が比較的高額な商品であったため、価格に見合った充分な経験価値が得られる意味合いも加味した上で、「一回のアラスカが一生の勇気になる―使い捨てじゃない旅をしよう、アラスカ」という新たなスローガンが決定された。このスローガンについては、旅行会社のパンフレットや資料、ウェブサイトへの使用を許可したことで、アラスカの統一したブランド・エッセンスがよく伝わることになった。

　キービジュアルには、アラスカの写真家として多くのファンを持つ星野道夫氏の写真を利用した（図1）。日本以外の市場ではオーロラが観光要素ではなかったため、それまでオーロラをキービジュアルとして使用することはなかったが、日本用のメインビジュアルとして採用している。このキービジュアルを消費者向けのパンフレットや展示会のブースの装飾など様々な場面に使用することで、統合型マーケティング・コミュニケーションに努めた。

　これら一連の作業において、筆者はブランドの基盤をベースにそれぞれのガイドラインに則ったクリエイティブ／マーケティング・プログラム・ブ

図1　アラスカ観光協会の新たなスローガンとキービジュアルをもとに作成されたポスター

リーフィング・フォームを利用してコンセンサスを得た上で、日本市場への特別な配慮をアラスカ観光協会ボードメンバーの会議で説明し、承認を得ている。結果、アラスカはターゲット市場を獲得し、価格競争も起きることなく、現在まで人気が続いている。また、オーロラという観光要素はカナダやフィランドにも取り入れられ、日本市場で成功を収めている。

(山本さとみ)

注
＊1　P.Kotler, J.Bowen and J.Makens (2014) *Marketing for Hospitality and Tourism*, Pearson
＊2　UNWTO (2009) *Handbook on Tourism Destination Branding,* World Tourism Organization and European Travel Commission

ブランドに適合した行動をとる

1　タッチポイントとブランド・ビヘイビア

　訪問者とデスティネーションのタッチポイント（接点）は、マーケティング・コミュニケーションの活動を通して、デスティネーションを認識し、訪問先として選択することに始まり、実際にデスティネーションに到着してからは、空港の入国管理官をはじめとする職員、ホテルにチェックインする際のフロントスタッフ、観光案内所の受付担当、タクシーの運転手など、帰国するまでに様々な場面に存在する（図1）。

　訪問者は、この一連の流れのすべてのタッチポイントでブランドを感知するため、タッチポイントの対応は訪問者のデスティネーションに対する肯定的なイメージや事後の満足度を大きく左右することとなる。

　この対応に求められるものがブランド・ビヘイビアである。そこでは、DMO のスタッフ、ステークホルダー、地域住民等の行動、挙動、言動、態度、思考がブランドに即していくことが求められ、デスティネーションを商品として捉えた場合には、図1に示す通り、このビヘイビアこそが中心となる要素と位置づけられる。

　一方、国連世界観光機関（UNWTO）では、タッチポイントに対する教育は DMO によって実行されるべきだと指摘し、重要なタッチポイントを図1の通り選定している[*1]。特筆すべきことは、サービス・ホスピタリティ企業だけではなく、「地域住民」も選定されていることである。つまり、DMO には、

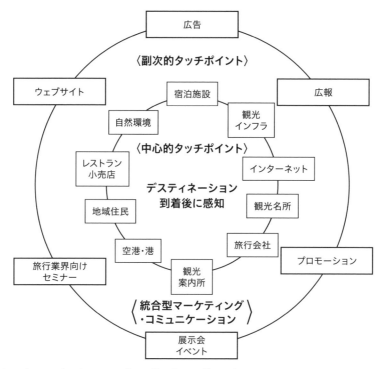

図1　デスティネーション・ブランドのタッチポイント
(出典：長﨑秀俊（2016）『イラストで理解するブランド戦略入門』三弥井書店、p.119 の図と UNWTO が選定するタッチポイントを統合して作成)

地域住民に対しても来訪者を歓迎する機運を高めることが求められており、それにより来訪者の満足度を高めて、リピーターとして再訪してくれることにつなげることが可能となるのである。

2　ブランド・ビヘイビアの重要性

　マーケティング・コミュニケーション活動を通して訪問者が到着前に伝達されたブランド・プロミスと、デスティネーションで実際に感じた印象に乖離があると、デスティネーションのブランドに対する信頼は簡単に崩れてしまうものである。例えば、環境に配慮し、歴史をアピールしているデスティネーションにファストフードのチェーン店が並んでいたり、自然の美しさ

を期待して訪れた場所で大量の人とゴミの山に遭遇した場合、デスティネーションに対するイメージは一気に崩れてしまう。また、フレンドリーな国民性をアピールするデスティネーションで、第一印象を与えることになる空港の入国管理官が不愛想で友好的でなかった場合にも、訪問者は違和感を覚える。これらは、いずれも人のビヘイビアが関与している。すなわち、人の行動と思考こそが訪問者に違和感を与え、ブランド失墜の引き金になるということである。

　したがって、デスティネーション・ブランディングでは、こうした人のビヘイビアを管理していくことが重要である。そのためには、訪問者が対面するであろうタッチポイントを明確にし、訪問者が不満を感じたタッチポイントや、ブランド・プロミスとの食い違いが発生しているタッチポイントを特定し、それらを改善していく必要がある。こうしたプロセスが、ひいては後述するプロダクト・デベロップメント（商品開発）へとつながることになる。

3　世界的企業に見るブランド・ビヘイビアの管理

　世界的なホテルチェーンであるリッツ・カールトンには、サービスに関する考え方・価値観をまとめた「ゴールドスタンダード」と呼ばれる企業理念があり、それが記載された「クレドカード」というポケットサイズのカードを全スタッフが携帯している。

　このゴールドスタンダードでは、「クレド（信条）」の欄にブランドの目的が明示され、「サービスバリューズ」の欄には、高品質のサービスを提供するために守るべき事柄、顧客とのタッチポイントをどのように考え、行動すべきかが12条で完結にまとめられている。リッツ・カールトンでは、このゴールドスタンダードを通してスタッフの顧客とのタッチポイントに対するビヘイビアを管理し、さらには携行を義務づけることでそれを徹底させているのである。

　さらにリッツ・カールトンでは、「ラインナップ」と呼ばれる始業前のミーティングが励行されている。日本の朝礼のようなものだが、このラインナッ

プでは本社から全ホテルに毎日送られている共通のテーマに関してチーム全体で話し合いが行われる。各スタッフがリッツ・カールトンのブランドのためにどう行動すべきかを啓蒙し、各スタッフの意識を高め、ブランドにふさわしいタッチポイントを促進することにつながっている。

　一方、ウォルト・ディズニー・ワールド・リゾートでは、経営に関するミッションやバリューとは別に、地域との関わり方を規定した「コーポレート・シチズンシップ・ミッション」[*2] を設けている。そこでは、「ウォルト・ディズニー・ワールド・リゾートのコーポレート・シチズンシップ・ミッションは、子供たちを中心に、当社の特別なブランドの魔法を通してセントラル・フロリダのコミュニティを強化することです。コミュニティのリーダーや非営利組織との強力な関係を築き、彼らのニーズをよりよく理解します。影響力のある結果を出し、財政面、製品面、リソース面において貢献することで最大の影響を与えるよう努めます」と謳われており、自社の地域貢献への立ち位置を明確化しつつ、スタッフの地域への関わり方が明示されている。

　こうした世界的な民間企業におけるブランド・ビヘイビアに関する取り組みに対して、プレイス・ブランディングに携わる DMO ではどのようなことを実施すべきだろうか。次項で見ていこう。

4　ブランド・ビヘイビアに関する DMO の役割

　DMO には、ブランドの理論的基盤（ブランド・ピラミッド・モデルやブランド・ホイール・モデルなどのブランド・メソッド、手法 1 参照）のブランド・エッセンスに従って、「どのようなデスティネーションになりたいのか」を明示するためのミッションやビジョンと、それを達成するための戦略を設定することが求められる。

　そして、個々のステークホルダーがミッションやビジョンを支えるビヘイビアをとることができるように、地元メディアの利用やセミナー等の開催を通して広くコミュニティにそれを伝えていくことが必要となる。そうした啓

蒙活動を通じて、地域住民やステークホルダーの賛同が得られ、日常生活での彼らの「ビヘイビア」もブランドに沿ったものとなる。

　プレイス・ブランディングのコンサルタントであるビル・ベイカー氏は、良いブランド・エッセンスは、ステークホルダーや地域住民の行動を変えるが、そのためには新しくブランドを設定する際の初動が重要であると指摘している[*3]。加えて、DMOが、ステークホルダーや地域住民のビヘイビアを変容させるために、以下に示す事柄について説明することを奨励している。

①ブランドのベネフィット（メリット、価値）と理論的根拠の説明

②ステークホルダーや地域住民の個人または企業・団体の役割と責任

③ブランドに対してどのような協力が必要で、またブランドのどのような利用方法があるか

④ブランドに沿った行動を始められる方法

⑤ブランドに協力することがどれほど素晴らしい経験になるか

また、UNWTOでは、DMOのビヘイビアに関して以下を指摘している。

・「タッチポイント」において、ブランド・プロミスを果たせないリスクがある場所やサービスを予測し、必要に応じて介入するために、常に民間の観光産業事業者との関係を構築する必要がある。こうしたことで、少なくともブランドに損害を与える可能性を最小限に抑えることができ、デスティネーションのブランド価値を強化することができる。

・重要な「タッチポイント」を提供するのは、観光関連事業者だけでなく、道路・公共交通・標識・衛生・安全などを担当する省庁や地方自治体の各部局なども含まれる。DMOではこうした関連組織の政策立案者や決定者との関係を構築し、観光のニーズや観光産業の声を届け、彼らに観光へ関心を向けさせ、観光評価やデスティネーション・ブランドに与える影響を十分に考慮した上で、政策を決定するように促すことが必要である。

5　DMOのビヘイビア

　訪問者とのタッチポイントにおけるビヘイビアが、デスティネーションの

プロダクト（商品）に密接に関連していることを先に説明した。ベイカー氏はプロダクト・デベロップメント（商品開発）について、①タッチポイントの改善、②ブランド・パーソナリティを強く感じることができる経験や施設の提供の必要性の2点を指摘した上で、DMOの具体的なビヘイビアとして以下の活動が不可欠であると述べている。

・ホテル、アトラクション、インフラへの投資および投資誘致
・イベント、フェスティバル、スポーツトーナメント、展示会の誘致
・道路、遊歩道、公園の改善
・観光素材のパッケージ商品化
・サービスクオリティ向上プログラムの開発
・街並み、パブリックアートやスペースのプレイス・メイキング
・テーマ別解説者の育成（パークレンジャー、土地の文化を語れる人など）

ここで、フランス観光開発機構「ATOUT FRANCE」[*4] の取り組みを紹介しよう。2010年、同機構では、ホテルの格付け制度刷新に伴って最高位に「パラス」の称号を設定し、認定されたホテルを「商品登録」する取り組みを開始した。「パラス」の認定については、下記の2つの基準に基づき審査が行われている。

①フランス観光開発機構が提示する客観的基準。5つ星の認定基準をさらに強化したもので、設備の快適さ（スパ、フィットネス施設、エステティックサロンなど）や行き届いたサービス（多言語を話すスタッフがいるかなど）に関する基準が示されている。

②観光担当大臣が任命する審査委員会が提示する主観的基準。この主観的基準には、立地、美的センス、歴史・由緒、格式、スタッフなどに関する基準が設けられている。

なお、称号には5年の有効期限が設定されており、5年ごとに審査が行われる。その審査は、ホテルの全スタッフにとって自分たちのサービスが称号に見合っているかを見直す機会になっており、スタッフ、ファシリティなどすべてのタッチポイントにおけるビヘイビアが格段に向上し、実際にサービスのクオリティが上がったという報告もある。

現在では、この「パレス」の称号もフランスにおける新しいホテル商品の
ブランドとして定着し、認定を受けたホテルを希望する顧客も着実に増えて
おり、新たな市場の開拓につながっている。

　以上、ブランド・ビヘイビアの観点からプレイス・ブランディングの手法
を見てきたが、ブランドにふさわしいビヘイビアを関係者において自発的に
誘発させるには、「ブランドの目的」を明確にし、それをもとに「目的を実
現するための人の行動＝ビヘイビア」を決めていくことが重要である。そし
て、プロダクト・デベロップメントにおいてそれを踏まえたブランド戦略を
立てることが、デスティネーションの持続可能性を高めることにつながるこ
とになる。

（山本さとみ）

注

＊1　UNWTO（2009）*Handbook on Tourism Destination Branding*, World Tourism Organization
　　　and European Travel Commission

＊2　Walt Disney World のホームページ
　　　https://aboutwaltdisneyworldresort.com/our-mission/
　　　https://disneyparksnews.com/uploads/sites/11/2018/04/Project-Impact_Book_vDigital.pdf

＊3　B.Baker（2012）*Destination Branding for Small Cities: The Essentials for Successful Place
　　　Branding*, Creative Leap Book

＊4　フランス観光開発機構のホームページ
　　　http://jp.media.france.fr/ja
　　　http://jp.media.france.fr/sites/default/files/document/press_release/DP_
　　　Palaces%2831juillet2014%29_0.pdf

ブランド中心の組織をつくる

1　DMO に求められる組織のあり方

　プレイス・ブランディングにおいて確立されたブランド・エッセンスとブランド価値は、その後 DMO が実施するすべてのマーケティング・コミュニケーション（マーケティング関連活動）に一貫して適用されることが求められる。さらには、デスティネーション内のステークホルダー間のマーケティング・コミュニケーションにおいても、一貫して適用されることが望ましい。それにより、ブランド価値が適切に発信されることにつながり、小規模な単発のマーケティング・コミュニケーションであってもブランド・エッセンスがきちんと反映されることにもなる。

　加えて、組織の中でブランドが最上位概念として位置づけられるような構造の構築も求められる。そのためには、ブランドを統括する組織をハイレベルなものとして設置することが不可欠である。こうした組織を設けることで、上層部がそのブランドを重視しているというシグナルを送ることが可能になり、デスティネーション内部で影響力のあるステークホルダーやオピニオンリーダーからの賛同を得やすい状況を構築することにもつながる。

　また、こうしたブランドを統括する組織では、ツーリズム・ビジネスに関連する組織に限らず、対内投資、広報文化外交、国際ビジネスなどデスティネーションのブランドに関わるすべての関係部署と情報を共有することが肝要である。観光だけでなく経済、外交、教育、文化などの他の部署と連携し

ていくことで、多様な分野をカバーすることになり、スケールメリットを発揮させることができるのである。

2 組織のストラクチャー構築における6つのポイント

そのような組織の構造を示したものが、図1である。理想的な組織をつくるためのポイントとしては、以下の6つが挙げられる。
①トップによるリーダーシップ
②ブランド・マネジャーの任命
③ブランド運営グループの設置
④ブランド・チャンピオンの指名
⑤ブランド・アドボケートの選定
⑥インターナル／エクスターナル／インタラクティブ・マーケティングの実施

1 トップによるリーダーシップ

ブランドのマネジメントを適切に行うためには、各層のデスティネーション（国・広域・都市）のトップがリーダーシップをとることが不可欠である。そして、トップがブランドに関与していることを内外にはっきりと示していく必要がある。ここで言うトップとは、DMOであれば最高責任者、国であれば大臣・首相・大統領、地方であれば自治体の長を指す。こうしたトップがリーダーシップをとり、ブランドを全面的に支持していることを内外にアピールすることが求められる。

2 ブランド・マネジャーの任命

デスティネーションのブランドに関する全責任を負う者として、ブランド・マネジャー（ブランド・ガーディアンとも言う）を任命する。その際、ブランドの基準にふさわしいプロフェッショナルな人物を任命することが望ましい。また、DMOのCEO（最高経営責任者）と直接コンタクトできる人物

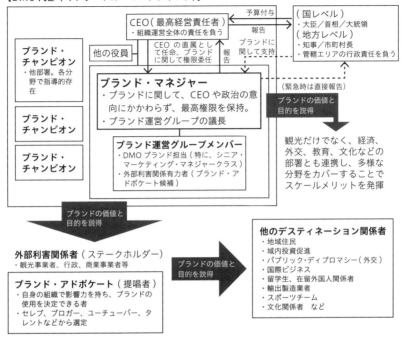

【DMO内部（インターナル・マーケティング）】

CEO（最高経営責任者）
・組織運営全体の責任を負う

予算付与
報告

（国レベル）
・大臣／首相／大統領
（地方レベル）
・知事／市町村長
・管轄エリアの行政責任を負う

ブランドに関して支持

ブランド・チャンピオン
・他部署。各分野で指導的存在

他の役員

CEOの直属として任命、ブランドに関して権限委任
報告

（緊急時は直接報告）

ブランド・マネジャー
・ブランドに関して、CEOや政治の意向にかかわらず、最高権限を保持。
・ブランド運営グループの議長

ブランドの価値と目的を獲得

ブランド・チャンピオン

ブランド運営グループメンバー
・DMOブランド担当（特に、シニア・マーケティング・マネジャークラス）
・外部利害関係有力者（ブランド・アドボケート候補）

観光だけでなく、経済、外交、教育、文化などの部署とも連携し、多様な分野をカバーすることでスケールメリットを発揮

ブランド・チャンピオン

ブランドの価値と目的を説得

外部利害関係者（ステークホルダー）
・観光事業者、行政、商業事業者等

ブランド・アドボケート（提唱者）
・自身の組織で影響力を持ち、ブランドの使用を決定できる者
・セレブ、ブロガー、ユーチューバー、タレントなどから選定

ブランドの価値と目的を説得

他のデスティネーション関係者
・地域住民
・域内投資促進
・パブリック・ディプロマシー（外交）
・国際ビジネス
・留学生、在留外国人関係者
・輸出製造業者
・スポーツチーム
・文化関係者　など

図1　プレイス・ブランディングに求められる組織の構造
（出典：UNWTO (2009) *Handbook on Tourism Destination Branding*, World Tourism Organization and European Travel Commissionをもとに筆者作成）

を指名することが肝要である。ブランド・マネジャーは、DMOのCEOの直属として任命され、DMOの役員の一員としてブランドに関して独立した全権限が与えられる。

　DMOでは、トップに立つCEOや政治家のパーソナリティにより方針が変更されたり、またトップの交代により方針転換を余儀なくされるケースが往々にして見られる。そのような状況に対処するため、ブランドが長期にわたり安定的に維持されることを目的として、ブランド・マネジャーにはブランドに関して最高の権限が付与されている。

　なお、国連世界観光機関（UNWTO）では、ブランド・マネジャーの主要業務として以下を挙げている[1]。

- DMO 内のすべてのマーケティング・コミュニケーションにおいて、ブランドが正確に使用されるようマネジメントを行い、ブランドの統一性を維持する
- ステークホルダーに対して、ブランドに関する理解を深め、肯定的に捉えてもらうよう努める
- できるだけ多くのチャンネルを通じて、ブランドの使用の最大化を図る
- ブランドの展開、プロモーション、ライセンスを管理する
- ブランドの効果を定期的に監視し、必要に応じて改善する。このために、ブランド追跡調査のほか、オンラインパネル調査、オムニバス調査、消費者調査、訪問客満足度調査、ベンチマーク調査等を実施する
- 時代の潮流に目を配り、リブランディングやブランド刷新を図る必要性について注意を払う。通常、ブランド衰退の合図は、ブランド追跡調査とマスコミのモニタリングによって早期に確認できる
- DMO のスタッフ、ステークホルダー、ブランド・チャンピオン（後述）、ブランド・アドボケート（後述）、ブランド運営グループ（後述）が抱えるブランドに関連するすべての問題について対応する

3 ブランド運営グループの設置

　ブランドを総括する専門部署として、「ブランド運営グループ」を設置する。初期段階からブランドに関わるすべてを監視し、組織横断的な部署とする（詳細は手法 7 を参照）。

　主要任務は、以下の 2 つである。

①プレイス・ブランディングに携わるすべての関係者に対して、マーケティング・コミュニケーションと自分たちの行動にブランドを適用させていく責任があることを認識させ、DMO 組織全体の意識を高める

②あらゆるマーケティング・コミュニケーションの中心にブランドを位置づけるという姿勢を DMO 内で周知徹底させる

4 ブランド・チャンピオンの指名

　DMO のスタッフのうちステークホルダーに広く知られた人物を、ブランド・チャンピオンに指名する。

　ブランド・チャンピオンという言葉は、日本においてはまだ一般的ではないが、ブランド論の大家であるデービット・アーカー氏は「ブランドに責任を持ち、喜んで旗振り役を務める個人もしくはチーム」「社内向けにブランドを代弁する第一人者であり、ブランドの概念を同僚に伝え、その同僚たちが独創的な方法でさらに他者へとブランドを伝達するよう励ます者」と定義している[*2]。

　ブランド・チャンピオンの役割は、一言で表せば、情熱をもってステークホルダーの心を掴み、彼らに向けてブランドの価値とその目的を伝え、説得することである。これにより、各ステークホルダーの意識が高まり、積極的にブランドを発信していくことにもつながる。

5 ブランド・アドボケートの選定

　外部のステークホルダーの中から、できる限り多数のブランド・アドボケートを選定することが望ましい。通常、DMO のブランド・マネジャーによって採用されるが、自身の各組織内で影響力のある立場にあり、自らの組織内でブランドの使用を決定する権限を有する人物が選ばれる。

　アドボケートとは、この場合、「提唱者」を意味する。外部の者ではあるが、対象のブランドの重要性について熟知し、熱意があり、ブランドの拡散について理解があり、ブランドの価値と目的を内外に提唱する者である。ブランド・アドボケートが十分な知識と説得力を有することで、外部の組織においてもブランドの原則とその適用について社内教育がなされ、また訪問者に対しても適切な振る舞いがなされることになり、ブランドを自身の組織の内外に浸透することが可能となる。

　ブランド・アドボケートには、社会的に影響力のある者として、著名人、セレブ、タレント、ブロガー、ユーチューバーなどが指名されることもある。

6 インターナル／エクスターナル／インタラクティブ・マーケティングの実施

　プレイス・ブランディングを円滑に進めていくには、主要なすべてのデスティネーション関係者がブランドを理解し、賛同することが不可欠である。そのためは、DMOスタッフ、ステークホルダー、対外マーケティングに関わるすべての関係者に加えて、地域住民（国で言えば国民）も巻き込むことが肝要である。

　そこで重要となるのが、インターナル／エクスターナル／インタラクティブ・マーケティングである（図2）。その実施に際しては、最初のうちは反発されることもあるが、それに臆することなくブランド戦略の現状をしっかりと説明し、ブランドに対する理解、当事者意識や協力意識を高めていくことが求められる。

1）インターナル・マーケティング

　インターナル・マーケティングとは、組織内のスタッフに対して行うマーケティングのことである。高い顧客満足を実現するためには、訪問者やステークホルダーと接する機会の多いDMOのスタッフ全員が、ブランドについてきちんと理解した上で、日々のあらゆるコミュニケーションの中でブランド

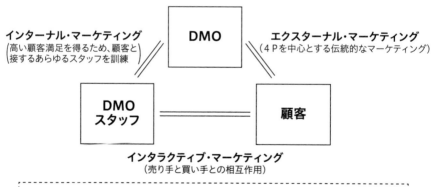

図2　インターナル／エクスターナル／インタラクティブ・マーケティングのトライアングル（出典：恩蔵直人（2019）『マーケティング（第2版）』日本経済新聞出版社を参考に作成）

を「滲み出していく」ことが不可欠であり、DMOにはスタッフの意識を高めるための取り組みを実施することが求められる。その詳細については、次節の手法7にて後述する。

2) ステークホルダーに対するエクスターナル・マーケティング

組織内のスタッフに対して行うインターナル・マーケティングに対して、組織外部の者に対して行う伝統的なマーケティングが、エクスターナル・マーケティングである。彼らはブランドの潜在的なプロモーターであり、デスティネーションの知名度やブランド力を向上させる役割を果たす。このエクスターナル・マーケティングを実施することで、彼らのブランドに対する誇りや意識を高め、自発的な関与を誘発することが可能となる。

ブランドを構築する際には初期段階から外部のステークホルダーを関与させることが有効だが、それはこのエクスターナル・マーケティングの観点からも重要である。そこでは、DMOのブランド・マネジャーが中心となってステークホルダーに積極的に働きかけていくことが求められる。

また、観光セクターという枠を超えて、域内投資機関、輸出製造業者、国際ビジネス関連企業、スポーツチーム、外交官といった他分野の組織や人物も巻き込んでいくことが望ましい。それにより、視野も広がり、ブランドの新たな展開、さらなる発展が期待でき、ひいてはブランドに対する誇りを醸成させることにもつながる。

3) 地域住民に対するエクスターナル・マーケティング

地域住民がブランディングやマーケティングのすべての段階に関与することは非現実的ではあるが、地域住民との協議はブランドの開発段階から実施することが求められる。また、重要な各段階において、進捗状況や意思決定に関する情報を地域住民に伝達していくことも必要であり、その手段としては地域住民を対象としたセミナー等を開催することが有効である。そうしたセミナーでは、自分たちの地域においてどのようなブランディングやマーケティングが実施されているかをわかりやすい言葉や動画を用いて説明する。なお、地域住民の関与については、手法8で詳細を後述しているので参照いただきたい。

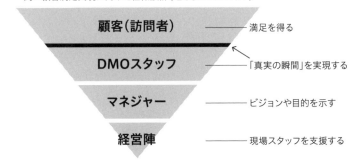

図3 「真実の瞬間」の実現に不可欠なインタラクティブ・マーケティング（出典：図2に同じ）

4）DMO スタッフと訪問者との間のインタラクティブ・マーケティング

　観光地において、また訪問前にメールなどのオンライン問い合わせ等を通じて、実際に顧客たる訪問者と接するのは、DMO のスタッフである。例えば、案内所の受付として訪問者と直接対話をするケースがあるが、最前線に立つ DMO スタッフが適切な対応をしなければ、訪問者の顧客満足度を高めることはできない。訪問者は DMO スタッフとの各種コミュニケーションを通じて、デスティネーションを体感し、デスティネーション・ブランドを理解する。訪問者に感動を与え、「真実の瞬間」を実現するのは DMO のスタッフであり、DMO スタッフと訪問者との交わり（コミュニケーション）であるインタラクティブ・マーケティングは重要な意味を持つ（図3）。

（岩田賢）

注
＊1　UNWTO（2009）*Handbook on Tourism Destination Branding*, World Tourism Organization and European Travel Commission
＊2　デービッド・アーカー著、阿久津聡訳（2014）『ブランド論　無形の差別化を作る 20 の基本原則』ダイヤモンド社

スタッフを教育する

1　インターナル・マーケティングの重要性

　本節では、インターナル・マーケティングを活用し、プレイス・ブランディングを具体的に実践する方法を紹介する。

　フィリップ・コトラー氏とケビン・ケラー氏は、インターナル・マーケティングについて「組織内の全員が自社のマーケティング・コンセプトとマーケティング目標を信じ、顧客価値の選択、提供、伝達に積極的に関与するよう仕向けること」と定義している[*1]。一言で表せば「組織内のスタッフに対して行うマーケティング」であり、スタッフを教育する取り組みの1つと位置づけることができるだろう。

　DMOにおいても、デスティネーション・ブランドの普及を進めるため、このインターナル・マーケティングの手法を活用して、組織内で達成すべき目標を共有し、ブランドに関する理解を深めていくことが求められる。仮にDMOが大々的に掲げるデスティネーション・ブランドとスタッフの言動との間に大きな食い違いが生じている場合には、ブランドの普及どころか、不信感まで誘発することになりかねない。それゆえ、DMOにおいては、スタッフ全員がブランドに共感し、それを意識しながら通常の活動を実施していく組織づくりが必要であり、そうした組織を実現していくことで対外的にもブランドに対する理解が深まり、ひいてはブランド価値の向上にもつながることになる。

このインターナル・マーケティングの具体的な方法として、ここでは「スタッフ研修」と「ブランド運営グループの設置」の2つを取り上げる。

2　スタッフ研修

DMOにおいてデスティネーション・ブランドを構築していく前提条件として、スタッフ全員がブランドを理解しておく必要がある。そこでまず行われるのが、研修である。この研修にはブランドに直接関係のないスタッフも含まれ、デスティネーションのDNA、ブランドコンセプトやブランドがもたらす価値などブランドの構築からどのようなメリットをもたらせてくれるかなど、ブランドを自分事として捉えるようになるまでを目的とした研修になる。

また、研修で活用されているのが、手法3で紹介したブランド・ツールキットである。ブランドのコンセプトからロゴや写真の使い方に至るまで細かく規定されたもので、研修中はもちろんのこと、日々のマーケティング活動においても活用され、DMO内の教科書のようなものとして位置づけられる。

具体的には、広告キャンペーンを展開する際に、印刷物やデジタルツールなど、すべての制作物において統一したブランド・メッセージを発信することができる。研修では、ブランドというコンセプトを実際にどのように表現できるのかが具体的に示されているので、ブランドへの理解が進むことに加え、ブランド・ロイヤリティも醸成される。

3　ブランド運営グループの設置

プレイス・ブランディングにおいては関係者のブランドの理解を促進していく必要があるが、その際にはブランド・マネジャーを中心としたブランド運営グループを設けることが有効である。そして、このブランド運営グループにマーケティングとコミュニケーションを統括するDMOのスタッフを参加させることが、インターナル・マーケティングの取り組みの1つに位置

づけられる。

　このブランド運営グループを効果的に運営していくには、6 〜 8 名程度の規模とし、そのうち DMO のスタッフが 2 〜 3 名、その他を外部からのメンバーで構成するのが望ましい。外部からのメンバーとしては、インバウンド関連業者、観光関連省庁、デスティネーション・ブランドの構築・運営に関与するアートやスポーツなどに携わる関係者などが考えられる。観光に直接関わらないようなマーケティングやブランディングの専門分野からの助言なども、議論に深みが増すことにつながり、積極的に取り入れていくべきだろう。

　最終的に、ブランド運営グループに参加したマーケティングとコミュニケーションを統括する DMO のスタッフが、ブランド構築の初期段階で多様な関係者の知見に触れて、ブランド構築に反映することでブランドの付加価値が増すことにつながる。

　以上、DMO の組織内部でのブランド構築を、インターナル・マーケティングで推進していく手法について紹介してきた。地域の歴史や文化、資産を再認識しながらその魅力を深掘りし、地域内の人々と交流しながら合意形成を築いていくプロセスは、組織内のスタッフにとって、あらためて地域を見直し、その良さを再確認する機会にもなる。そして、スタッフそれぞれの地域に対する誇りと愛着がさらに醸成されていく。競争力の高い強力なデスティネーション・ブランドの構築には、そうした誇りと愛着を持ち合わせたスタッフが不可欠であり、それを育成するインターナル・マーケティングは、プレイス・ブランディングに欠かせないプロセスとして位置づけられる。

（武田光弘）

注
＊1　フィリップ・コトラー、ケビン・レーン・ケラー著、恩藏直人監修、月谷真紀訳 (2014)『コトラー
　　　＆ケラーのマーケティング・マネジメント (第 12 版)』丸善出版

地域住民の当事者意識を高める

1　シビック・プライドの重要性

　手法 6 で言及した「エクスターナル・マーケティング」に関連し、本節では「シビック・プライド」と言われる、地域住民の誇りについて取り上げる。

　デスティネーション・ブランドは、そのデスティネーションを特徴づける DNA と位置づけられ、デスティネーションのマーケティングを推進する DMO や各ステークホルダーによる取り組みや振る舞いの一挙一動に一貫して適用される必要がある。これは地域住民についても当てはまり、地域住民の地域に対する誇り、すなわちシビック・プライドの醸成が求められる。

　基本的に、地域住民の大半は、自身が住む地域に対して愛着や誇りを持っているものであり、訪問者に対してそれを伝えることに否定的ではない。その点で、地域住民はブランドの積極的な支持者になる可能性を秘めているとも言える。

　デスティネーション・ブランドを構築する際には、初期の段階からステークホルダーを関与させるべきだが、これはシビック・プライドを高める点でも有効である。観光地の住民であっても、観光と直接的関係が薄い地域住民はブランディングやマーケティングに対して疑問を抱きやすいと言われ、そうした観光に関心の薄い地域住民を巻き込むには多くの困難が伴うことも予想される。しかしながら、ブランディングを円滑に進めるためには、地域住

民の賛同を得ることは不可欠であり、その点で地域住民を関与させることは非常に重要である。

　一方、DMOによって自身の地域が適切にプロモーションされていると感じる場合、地域住民はブランドを強く支持する可能性が高く、これがシビック・プライドを高めることにもつながる。そのためには、ブランドの価値や目的をはじめとする各種情報を地域住民に向けても積極的に提供していくことが求められる。

2　地域住民の関与を促す取り組み

　地域住民にブランドを一方的に押し付けることは望ましくない。そこでまずは、住民の意識調査、住民向けの説明会や討論会、マスコミに対するPR活動などを通じて、地域住民の声に耳を傾けることが必要である。こうした場に参加してもらうことで、住民のブランドに対する当事者意識を高めることにもなり、ひいては住民と訪問者間のブランド観のギャップを埋めることにもつながる。

　一方、地域住民がブランディングやマーケティングのすべてのプロセスに関与することは、非現実的である。しかしながら、地域住民との協議はブランド創造の初期段階からなされることが重要であり、主要な段階において進捗状況や核となる意思決定について伝達することが求められる。加えて、自分の住んでいる地域が市場でどのようにプロモーションされているかを知ってもらう上では、プロモーションビデオ等による周知も有効である。こうした取り組みを通して住民のブランドに対する意識が高まることになる。

　そのような住民の当事者意識の向上に向けた取り組みの一例として、ニューヨーク市観光局（NYC & Company）における「コミュニティ・インボルブメント」を紹介しよう[1]。ここでは、「コミュニティの育成」と「生活の質（QOL）の向上」の2点を目的として、以下のようなプログラムが実施されている。

NYC Is Always Trending

図1　See Your City プログラムのホームページ

(出典：一般財団法人運輸総合研究所主催「観光・ブランディングに関する国際シンポジウム」(2019 年 3 月 13 日) におけるニューヨーク市観光局マキコ・マツダ・ヒーリー氏発表資料)

・See Your City プログラム

　住居近辺が便利なために遠出をしないニューヨーク市民が増加する状況に対して立ち上げられたプラットフォームで、市民が SNS で流したまちの情報がまとめられており、観光客は 5 つの行政区のいろいろな見どころを知ることができる（図 1）。情報の収集に地元住民を活用することで、自分たちが世界のトレンドセッターであるという自覚と、観光客に対する意識が高まることが意図されている。

・Tourism Ready プログラム

　観光とは直接関わりのない地元企業に対し、観光とはどういうものかということについて伝えていくプログラムである。これにより観光と関わりのない企業から新しいコンテンツが生まれ、新しいインスピレーションとなって新たな志向を持つ観光客を誘致し、地元企業もニューヨークの観光ビジネスに関心を持つことにつながっている。これにより、観光がもたらすプラスの影響をニューヨーク市のすべての地域に広めていくことになる。受益者は、観光業界だけではなく、あらゆる地域住民であ

り、例えばニューヨーク市では観光を通じて1世帯当たり年間2千ド
ル（約22万円）の節税につながっているという市民が得られるメリッ
トを具体的に説明している。

こうした取り組みを通して、地域住民からの協力者も増加傾向にあり、さ
らには観光問題に関する地域住民の理解も促進されている。

3　地域住民の言動の質を高める取り組み

ブランディングにおいては、訪問者に対する言動がブランドに即してい
るかが重要な鍵を握っている。そこでは、DMOのスタッフやステークホル
ダーに加えて、地域住民の言動も問われ、どのような場面であれ訪問者と接
する機会のある人それぞれの言動が重要な意味を持つ。

4　タッチポイントの管理を通じた意識の向上

訪問者は、デスティネーションでの自身の経験や体験を通じて、そのデス
ティネーションのブランドを体感することになる。それゆえ、訪問者と接触
する場面であるタッチポイントでの対応の良し悪しは、訪問者の印象を大き
く左右するため、しっかりと管理していく必要がある。空港の到着カウン
ター、宿泊施設の受付、レストランやタクシーでの接客をはじめとして、現
地の人々とのあらゆる接触がタッチポイントに位置づけられるが、地域住民
と接触する機会もここに含まれる。

5　地域住民に観光の大切さをアピールする仕掛け

各種イベントに地域住民を巻き込み、楽しみながら観光の大切さを認知し
てもらう取り組みも各地で見られる。

ハワイで実施されているホノルルマラソンは、7歳以上なら誰でも参加で
きる世界有数のマラソン大会である。完走者には記念のTシャツが贈呈され、

夕暮れ時には完走パーティーに向かう人がカラカウア通りを埋めつくす。お揃いのシャツを着て誇らしげに通りを歩く完走者たちの姿は、地域住民の目にも焼き付くほど感動的で、観光の素晴らしさが伝わる光景となっている。

　また、毎年3月に開催されているホノルルフェスティバルでは、長岡の花火が祭りの最後を飾る。日系人も多いハワイでは、この花火を誇らしく感じている住民も多く、地元に愛されるイベントとして観光にも貢献している。

　このような地域住民が感動するイベント、誇りを感じるイベントを定期的に仕掛け、地域住民に観光の大切さをアピールしていくことも、シビック・プライドを醸成していく上で有効だと言えるだろう。

（岩田賢・辻野啓一）

注
＊1　一般財団法人運輸総合研究所主催「観光・ブランディングに関する国際シンポジウム」（2019年3月13日）におけるニューヨーク市観光局マキコ・マツダ・ヒーリー氏発表および資料

KPI（重要業績評価指標）を設定する

1　パフォーマンス・メジャーメントとは

　パフォーマンス・メジャーメント（効果測定、効果検証）とは、公共政策の目的・成果に関して、当初の数値目標がどれだけ達成されたかを評価する仕組みのことである。

　イギリス、アメリカ、ニュージーランドなどの行革先進国では、効率の高い行政の実現を目的としてパフォーマンス・メジャーメントを行政評価に導入し、成果を上げている[*1]。また、カナダのアルバータ州政府では、公言した目標をどれだけ達成しているかを測定するためにパフォーマンス・メジャーメントを取り入れている[*2]。なお、パフォーマンス・メジャーメントは、結果だけでなく、事前・中間・事後の進捗を継続的に測定することが重要である。

　DMO においても、こうしたパフォーマンス・メジャーメントを導入し、活動の状況を適宜確認しつつ、質の向上を図ることが望ましい。そこで本節では、DMO で活用されているパフォーマンス・メジャーメントとして「KPI（重要業績評価指標）」を紹介する。

2　DMO の KPI

　KPI は、日本語では「重要業績評価指標」や「重要経営指標」などと呼

ばれる。プレイス・ブランディングのコンサルタントとして著名なビル・ベイカー氏は、プレイス・ブランディングにおける KPI の一例として、表1に示す9つを挙げている。

このうち DMO で広く用いられている KPI が「メディア・カバレージ」で、テレビや新聞などのメディアを通して DMO が掲げるブランドが適切な形で露出されているのかを評価する指標である。ここでは、メディアで紹介され

表1　プレイス・ブランディングにおける KPI

KPI	具体的な手法
①ブランド・アダプテーション	DMO が作成する印刷物（リーフレット、パンフレット、ガイドブック等）や販促物（ギブアウェイ、バック、封筒やレターヘッド等）を含むすべてのコミュニケーション・ツールにおいてブランドが適切に反映されているか、ステークホルダーに評価してもらう
②コミュニティ・プライド、ブランド・サポート	住民、ビジネス関係者、ツーリズム関係者、政府・自治体関係者に対して、国・地域・都市に対するプライドとブランドに対する支援に関する調査を、2年に1回継続的に実施する
③マーケティング関与度	国・地域・都市が広く参画を募るマーケティング活動に対して、どれほど深く関与しているのかを調査する
④カスタマー・プロファイル	あらかじめ想定した客層が来訪しているのかを評価する
⑤カスタマー・サティスファクション	プレイスが提供する体験プログラム、観光体験などに対して来訪者の満足度調査を継続的に実施する
⑥ブランドの一貫性	外部の組織がブランドをしっかりと理解し、ブランドを踏まえながらマーケティング・ツール（旅行会社のツアー・パンフレットやホームページ等）を作成しているのかを評価する
⑦メディア・カバレージ	ブランド・メッセージが、テレビ、ラジオ、雑誌、新聞、インターネットなどを通して露出されているのか継続的にモニタリングする
⑧ステークホルダーのフィードバック	主要なステークホルダーやビジネス・パートナー、インフルエンサーに対して、ブランド構築に関する問題点や改善点の聞き込み調査を行う
⑨国・地域・都市のイメージ	国・地域・都市に対する消費者の固定観念やイメージを継続的に調査し、その変化もモニタリングする

（出典：B.Baker（2012）*Destination Branding for Small Cities: The Essentials for Successful Place Branding*, Creative Leap Book をもとに作成）

たものなら何でも採用するのではなく、ブランドが適切に露出されたもののみを評価することに注意が必要である。

一方、近年の通信技術の進展に伴い、デジタルに関わるKPIが増えており、Web3.0の到来に向けてソーシャルネットワーク・サービス（SNS）やCRM（カスタマー・リレーションシップ・マーケティング）などのKPIを導入するDMOも増加傾向にある。その背景には、DMOが行う活動の成果を具体的な数字で表すことができることに加え、パフォーマンス・メジャーメントに必要不可欠な事前・中間・事後の進捗を継続的に測定することが可能であることが挙げられる。

なお、観光学者のジョン・トライブ氏は、DMOがKPIを検討する上で大切なこととして、以下の「SMART（スマート）」の5点を挙げている。

①スペシフィック（Specific）：具体的な数字で表すこと
②メジャラブル（Measurable）：しっかりと効果測定ができること
③アグリード・ウィズ・ゾーズ・フー・マスト・アテイン・ゼム（Agreed with those who must attain them)：関係者と事前に合意形成を図っておくこと
④リアリスティック（Realistic）：奇をてらうような数字ではなく、現実的な数字を掲げること
⑤タイム・コンストレインド（Time constrained)：いつまでに目標を達成することができるのか、事前に期日をはっきりと示すこと

3　DMOが直面する問題とその解決法

パフォーマンス・メジャーメントにより見出された問題点に対して、DMOではどのように対処すればよいのだろうか。国連世界観光機関（UNWTO）によりDMOが直面する可能性の高い6つの問題とその解決法が示されているので、参考にしていただきたい（表2）。

（宮崎裕二）

表2　DMO が直面する問題とその解決法

問題	解決法
①露出がばらばらで、ブランドの一貫性が欠如している。訴求力も乏しく突き刺さるものが感じられない。競合との差別化も感じられない	ブランドではなく、マーケティングの進め方に問題があるため、広告代理店やマーケティング担当者含めてマーケティング・アプローチを大幅に見直す。広報 PR、販売促進、デジタルなどの担当者が統合的マーケティング・コミュニケーションを十分に理解して、実行に移すようにする。訴求したいブランドが複数ある場合には 1 つに絞り込む。マーケットの注目を集めるために、時にはやや刺激的なブランド・バリューを発信することも有効である
②ターゲットとする人々から十分な評価を得られていない	選定したターゲットが適切なのかどうかをもう一度精査する。適切でなければ、ターゲットを変更することも必要である。ターゲットを変更せずに継続的に働きかける場合には、そのターゲットに訴求するブランド・バリューについて改めて検討しなおす必要がある
③消費者の嗜好が大きく変化している	ターゲットとする消費者のニーズを満たすことができないと判断される場合には、そのターゲットを諦め、新しいターゲットを模索する。しかし、わずかばかりでもターゲットのニーズを満たすことができると判断される場合には、ブランドから大きく外れない範囲で微修正を行う。場合によっては、新しいブランドを立ち上げることも得策である
④ブランドやブランド・プロミスが古めかしく、時代遅れになっている	ブランドの刷新を行う
⑤新しいマーケット・セグメントが誕生している。このセグメントに集中的にアプローチしたい	新しい消費者のニーズを踏まえてブランドを刷新する
⑥競合デスティネーションがマーケットに参入し、観光客をめぐる獲得競争が熾烈化している	競合デスティネーションより競争力があるものは何か、差別化できるものは何かを検討した上で、ブランドを刷新する

(出典：UNWTO (2009) *Handbook on Tourism Destination Branding*, World Tourism Organization and European Travel Commission をもとに作成)

注

＊1　山本千雅子、岸邦宏、佐藤馨一 (2001)「除雪事業のパフォーマンス・メジャーメントに関する研究」『土木学会年次学術講演会講演概要集（第 4 部）』Vol.56、土木学会、pp.252-253

＊2　Alberta Treasury (1996) *Business Plan and Measuring Up Report*, Alberta Canada

ブランドを評価する

1　効果測定の重要性と注意点

　ブランドの中核概念を策定し、それをブランド体験に落とし込むための表現の仕組みを設計した上で、その仕組みを駆使してコミュニケーション展開を実施したとして、それがブランディングのゴールだろうか。

　ブランディングの目的が中長期的な競争優位性の獲得や収益化の実現に向けたブランド価値の向上であるとするならば、その成功は単発のブランド・キャンペーンだけで達成できるものではなく、政府観光局や DMO が推進する地道かつ継続的な活動が欠かせない。そのプロセスの中では、活動の結果を定期的に測定し、目指すべき姿と現状のギャップを把握することで課題を明確化し、その課題を解決するためのフィードバックを続けていくことが求められる。この PDCA サイクルを回し続けることで、より強固なブランド構築が可能となるのである。

　ここで、ブランドのマネジメントに携わる者として効果測定の設計をする際に気をつけるべきポイントを 3 つ挙げておきたい。

1）定性調査の実施

　定量調査だけでなく定性調査も実施すること。定量調査だけでは、認知率レベルの調査にとどまり、調査結果の背景にあるはずの課題の原因を明らかにすることが難しい。特にプレイス・ブランディングの場合には、対象とするプレイスの特性を把握した上で調査結果を分析する必要があるため、定量

調査だけでは不十分で、フォーカスグループインタビューなどの定性調査や SNS でのコメント分析なども組み合わせて評価分析していくべきである。

2）調査対象の決め方

ブランディングの観点から調査対象を決定すること。性別や年齢別といった安易な区分に基づいて調査を実施しているケースをよく見かけるが、ブランディングの対象とするターゲット層の嗜好やライフスタイルなども踏まえた調査を実施する必要がある。

3）測定の頻度

インターネットの高速化や SNS などの進化・普及に伴い、プレイス・ブランディングを取り巻く環境の変化のスピードもかなり速まっている。ある個人が SNS で発信した情報をきっかけに無名の場所が一瞬で有名になったり、逆にネガティブな情報があっという間に拡散する。そういった点を考慮すると、効果測定の頻度としては年に一度は実施すべきである。また、結果の分析に関しては、単年だけで検討するのではなく、過去複数回の測定結果を時系列的に見ていくことで、課題をより明確に把握することが可能となる。

2　ブランド価値の算定

効果測定の結果を分析する際には、結果をもとにブランド価値を算出する必要がある。ここでは、その手法の一つとして、インターブランド社で用いている「ブランド価値評価」を紹介する。インターブランド社では、1984年にブランド価値を金額に換算する手法を世界に先駆けて開発し、国際標準化機構から ISO10668 の認証も取得している。この手法を使用することにより、ブランド価値を金額という見える形に変換することが可能となる。

「ブランド価値評価」では、「ブランド価値」をブランドによってもたらされる「経済価値」と定義し、ブランドによって将来的に生み出される利益を求めた上で、それを割り引いた現在価値を算出する。この手法は、証券アナリストが企業価値を評価する方法、つまり、フリーキャッシュフローを割り引いた正味の現在価値を求める方法と類似している。

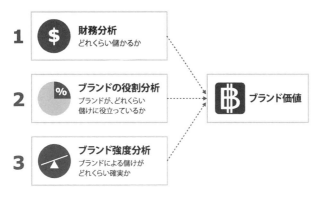

図1　ブランド価値評価の3つのステップ（出典：インターブランド）

プロセスとしては、以下の3つのステップにより金額算出を行う（図1）。

1）STEP 1：財務分析

このステップでは、「どれくらい儲かるか」を算定する。まず、評価対象セグメントを設定し、ブランド関連事業の現在および将来の収益を予想する。その予想売り上げから営業費用、税金、投下資本に応じたコストを差し引き、将来の経済的利益（エコノミックプロフィット）を算出する。この金額は、ブランド価値を含む無形資産全体が生み出す利益と位置づけられる。

2）STEP 2：ブランドの役割分析

次に、「ブランドがどれくらい儲けに役立っているか」を算定する。「財務分析」のステップで算出された将来の経済的利益のうち、ブランドによってもたらされた利益を抽出するために、ブランドがどの程度顧客の購買意思決定に影響を与えているかを分析する。この分析結果をもとにブランドの役割指数を算定し、これを将来の経済的利益に掛けてブランド利益を算出する。

3）STEP 3：ブランド強度分析

最終ステップでは、「ブランドによる儲けがどれくらい確実か」を算定する。ブランドの歴史、認知度や顧客の共感度など、将来のリスク（不確実性）を評価し、そのリスクの大きさに応じて割引率を算定し、ブランド利益の現在価値を求める。リスクの評価は、次項にて後述する10項目の指標に基づいて行い、インターブランド社独自の計算手法により割引率に変換する。その割引率

を加味して将来のブランド利益を割り引くことで、ブランド価値を算定する[*1]。

3　ブランド・マネジメント活動を評価する 10 の指標

　ブランド価値の向上を目的とした活動に対する効果を測定するという観点から考えると、ブランド・マネジメントの活動全般を対象とする多面的なKPI（重要業績評価指標）を設定することが求められる。それを踏まえ、設定されたKPIを調査する方法を設計し、定期的に調査を実施・分析していくことによりブランドの強みや弱みをより明確に把握することで、対策を打つことが可能になるのである。

　そのようなブランド・マネジメント活動全般のKPIを設定する上で参考となるのが、前項のSTEP 3で使用している10項目の指標である（図2）。このうち、「概念明瞭度」「関与浸透度」「統治管理度」「変化対応度」の4つはDMO組織内部に関する指標、「信頼確実度」「要求充足度」「差別特有度」「体験一貫度」「存在影響度」「共感共創度」の6つは組織外の対外的な指標に分類できる。

　これらの各指標について適切な評価クライテリアを設定していく必要があるが、その際にはプレイス・ブランディングならではの業界の特性などを勘案した上で、具体的なKPIを独自に設定していくことが求められる。各指標の概要は以下の通りである。

1）概念明瞭度（Clarity）

　ブランドの中核概念が明確にされ、政府観光局、DMOや主要関係者の間で理解・共有されているかを評価する。情報収集方法としては、関係者へのインタビューや定量調査などを実施する。

2）関与浸透度（Commitment）

　政府観光局、DMOや主要関係者において、ブランドが事業戦略の核となるものと位置づけられているか、さらに組織全体のあらゆる意思決定・活動にブランドの中核概念がきちんと反映され、ブランドに対する愛着・誇りが生まれているかを評価する。情報収集方法としては、組織のキーパーソンへのインタビューや関係者への定量調査などを実施する。

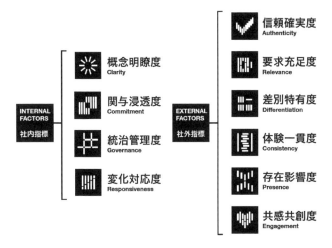

図2 ブランド・マネジメント活動を評価する10の指標 (出典：インターブランド)

3）統治管理度（Governance）

　組織内でブランドを守り、コントロールするための役割・責任が明確に定められているか、ブランド戦略を効果的かつ効率的に実行するために必要な能力・仕組みを有しているかを評価する。具体的には、ブランドを管理するための組織体制や責任・権限などの設計状況、ブランド・ガイドラインをはじめとするツールの運用状況、商標保護の管理体制の状況などが調査の対象となる。情報収集方法としては、関係者へのインタビューや定量調査、ブランド・ガイドラインの運用状況の監査などを実施する。

4）変化対応度（Responsiveness）

　市場環境やビジネスチャンスの変化を予測しタイムリーに対応しながらブランド・組織・戦略を継続的に進化させ、ビジネスを成長に導いているかを評価する。情報収集方法としては、関係者へのインタビューや定量調査、ブランド・ガイドラインの運用状況の監査などに加え、これまでのブランド・マネジメントに関する取り組みの変遷に関する調査を実施することが望ましい。

5）信頼確実度（Authenticity）

　ブランドの中核概念を実現するための体制や能力などを備えた組織として顧客から信頼されているかを評価する。情報収集方法としては、対外的な定

量調査、ブランドの歴史に関する監査などが挙げられる。

6）要求充足度（Relevance）

　機能面と情緒面の両面で顧客のニーズや欲求が満たされているかを評価する。情報収集方法としては、顧客を対象とした定量調査に加え、マーケットシェアや顧客数などの各種データの分析を行う。

7）差別特有度（Differentiation）

　競合と差別化された特有の価値やブランド体験を提供しているか、その価値や体験が顧客に認識されているかを評価する。情報収集方法としては、顧客への定性・定量調査、競合も含めたクリエイティブ監査などが挙げられる。

8）体験一貫度（Consistency）

　顧客が、ブランドに接する場において、一貫性のあるブランドの中核概念とそれに基づくストーリーを感じているかを評価する。ここでは、ブランドのロゴやデザインが規定通りに運用されているかといった点に限らず、タッチポイントにおいてもブランドの中核概念が一貫性をもって反映されているかという点についても評価を行う。情報収集方法としては、顧客への直接調査に加え、タッチポイントのクリエイティブ監査を行うことも有効である。

9）存在影響度（Presence）

　SNSなどを含めあらゆる媒体で顧客に好意的に語られているか、際立った存在と認められているかを評価する。情報収集方法としては、認知度については顧客への定量調査を実施し、話題性に関してはインターネットも含めた各種メディアにおける記事クリッピング数などを調べる。

10）共感共創度（Engagement）

　顧客がブランドの中核概念を正確に理解し、共感しているか、愛着をもってブランドの価値創造に参加しているかを評価する。情報収集方法としては、顧客への定性・定量調査、SNSなどでの質的評価などが挙げられる。

（光畑彰二）

注
*1　評価手法全体の詳細については、インターブランドジャパン編著（2017）『ブランディング７つの原則』日本経済新聞出版社を参照いただきたい。

4 章

プレイス・ブランディングの
先進事例

3章では、プレイス・ブランディングを実践する上で代表的な10の手法を解説した。これらの手法は、各々が連携をしながら一貫して行う必要がある。ただし、各DMOでは、達成したい目的に応じて、手法ごとに強弱をつけて組み合わせても良いだろう。本章では、国内外の8つのDMOが、こうした手法を現場でどのように実践しているのかを紹介する。

　ここで、イギリスとアメリカにおける国レベルの取り組みについて補足しておこう。

　まずイギリスにおいては、最終的には内閣中枢がブランドを統一的に管理しており、英国政府観光庁、ブリティッシュ・カウンシル、在外大使館広報部・国際通商部等の政府関係機関が、「グレート・キャンペーン」という国家ブランド戦略のもと取り組みを進めている。そこでは、明確な達成数値目標が掲げられ、省庁を横断する形で継続的な取り組みが実施されており、政権が交代しても一貫性のある活動が引き継がれる体制が構築されている。

　一方、アメリカでは、国家単位のDMOである「ブランドUSA」が、年度ごとに戦略的なテーマを掲げ、アメリカ国内の州単位や都市単位などのDMOがブランドUSAにタイイン（マーケティング事業に連動や参画すること）できる仕組みをつくり上げている。個別のDMOがバラバラで動くのではなく、戦略的なテーマの傘の下で、アメリカが一体感を高め、グローバル競争で存在感を高めることが重要だと考えられている。

　ブランドUSAにとって大切なことは、なるべく多くのDMOが賛同し、通年で活用できるテーマ（最大公約数となるようなテーマ）を掲げることである。日本では「春・夏・秋・冬」や「桜」「紅葉」などが使われることがある。ブランドは継続性に価値があると言われるため、一過性のテーマは適さない。ブランドUSAでは「国立公園」や「音楽」などを選定している。同じロジックで、本章に紹介するイギリスでも文化的テーマを選定している。

　「国立公園」がテーマに掲げられた2016年には、ブランドUSAではマーケティング事業の焦点を国立公園に据え置いた。雑誌や新聞、テレビなどのメディアでの国立公園の露出拡大、SNSやデジタルなどでの絶景写真の拡散、国立公園を主題とする映画配給などを通して、世界の潜在的訪問者に対

してアメリカに対する興味を高め、観光意欲を刺激した。一方、州単位や都市単位などのDMOは、ブランドUSAの動きに連動しながら、より具体的な情報を提供したり、潜在訪問者を意識しながら旅程表などのプロダクト・デベロップメントを行ったり、旅行会社に対してツアー造成の協力を求めた。

　国立公園は、アメリカに限らず、オーストラリアやスイス、カナダなども積極的にその魅力をアピールしている。さらに、同じアメリカ国内であっても、カリフォルニア州では、アリゾナ州やアラスカ州などを競合視しながら差別化を図り、同州の国立公園をアピールしている。しかし、オーストラリアやスイスなどの競合デスティネーションに勝つためには、国家レベルのDMOが先導し、アメリカが一丸となって連携を図る意義が大きい。こうした国や地域、都市などを連携させるアメリカの手法は、日本でも大いに参考にすべきだろう。

（岩田賢・宮崎裕二）

イギリス

国を統合的にプロモーションする「グレート・キャンペーン」

　本節では 2011 年 9 月にスタートし、現在も継続されている英国政府による国家プロモーション・キャンペーンである「グレート・キャンペーン (Britain is GREAT campaign)」を紹介する。

　このような国家レベルのプロモーション・キャンペーンを各国の政府機関で共同展開する際には、難易度の高い戦略的な運用デザインが要求される。もともと「ソフトパワーはイギリスの外交政策の手段である」とされ、「コミュニケーション」が外交のトップレベルから現場レベルに至るまで重要な業務と位置づけられてきたことが、グレート・キャンペーンの成功要因である。

　本事例ではグレート・キャンペーンの特徴である「統合」「連携」「共通言語」について詳述する。これらは前章で紹介した 10 のメソッドのうちの「手法 4　マーケティングを統合する」「手法 6　ブランド中心の組織をつくる」「手法 9　KPI（重要業績評価指標）を設定する」にそれぞれ関連する事柄である。本節ではこの 3 点について分析を行うことで、国レベルだけでなく、広域、都道府県、市町村レベルでも援用できる道筋を示していく。

1　グレート・キャンペーンの概要

　イギリスを取り巻く 2010 年以降の状況を振り返ると、2010 年のローマ法王の訪英に始まり、2011 年のウィリアム王子の結婚、2012 年のエリザ

ベス女王在位 60 周年、同じく 2012 年のロンドン・オリンピック、そして 2015 年のラグビーワールドカップと、世界から高い注目を集める国際的なイベントが続々と開催されている。これらのイベントの盛り上がりや注目は、観光のみならず貿易・投資や留学にとってもビジネスチャンスである。そうした注目が一過性にならないようにイベント間をつなぎ、維持する役割を果たす取り組みが、グレート・キャンペーンである。

キャンペーンの開始当初は、政府内の対外的な業務をブランディングしなおすことを目的とする 1 年間限定のプロジェクトとして始動している。日常業務のマーケティング活動を傘下に置く形で、まずは 50 万ポンド（約 6500 万円）程度の広告とブランディング開発を中心とした小規模なマーケティング活動であった。すなわち、開始当初のグレート・キャンペーンは、いわゆる国家ブランディングを試みる大きなキャンペーンではなく、2010 年の連立政権による緊縮財政の影響で試験的に実施された期間限定のキャンペーンだったのである。

その目的も、あくまで政策課題を達成するため、オリンピックなど国際的イベントによる短期的な経済波及効果を長期的に持続させるべく、橋渡しとして企図されたものであった。当初はターゲットも 10 カ国 17 都市（アメリカ、ドイツ、フランス、インド、中国、香港、日本、カナダ、ブラジル、オーストラリアの諸都市）の観光客、ビジネスリーダー層や留学生、オピニオンリーダーに限定されていた。

しかし、オリンピック終了後の 2012 年 12 月には集中的な投資が検討され、3000 万ポンド（約 39 億円）の追加予算を発表、2014 年までの延長が決定された。その後、2013 年 12 月にはさらに 2 年間で 4500 万ポンド（約 59 億円）、2016 年から 2020 年の 4 年間で 6000 万ポンド（約 78 億円）の追加予算が認められている。また、ターゲットとして、経済的に重要な新興国であるロシア、韓国、メキシコ、トルコ、インドネシア、中東湾岸国、東欧諸国も追加された[1]。

グレート・キャンペーンの特徴は、プロモーション分野の特化と対象国の限定、低予算そして持続性である。主に貿易・投資、観光、文化、留学に特

化して分野を絞り込み、短期的な結果だけでなく持続性を重視した取り組み
が実施されている。つまり、キャンペーン担当者が投資に対するリターンを
慎重に政治家に説明しつつ、限られた予算内での運営に徹することで、キャ
ンペーンの継続に尽力している。グレート・キャンペーンが10年近くにわ
たり、政権交代や首相交代の影響を受けることなく継続されている裏側には、
こうした担当者の努力がある。その点では、この「低予算」という条件があ
るからこそ、キャンペーンの持続性が保たれているという見方もできる。

　また開始当初、緊縮財政のなか、通常の日常業務のためのマーケティング
予算をカットし、グレート・キャンペーンで補うことも行われた。例えば、
英国政府観光庁では2010年に総予算の30％カットが実施され、その分を
グレート・キャンペーンで補填することとなった。結果、日常業務をグレー
ト・キャンペーンの文脈でどのように展開できるかを考え、費用対効果の
最大化のために他部署や民間との連携を積極的に求めることで、グレート・
キャンペーンの通常業務との統合化や異分野・民間との連携が効率的に図ら
れた。

　2019〜2020年の目標としては、1.7〜1.9億ポンド（約220億〜250
億円）のリターンが掲げられている。2014〜2015年の実績では、1億
1350万ポンド（約148億円）の政府予算に対して1.2億ポンド（約156
億円）のリターンがあり、200を越える民間企業および164名の個人から
6800万ポンド（約88億円）の協賛金が集まっている[2]。

　現在では17の省庁・政府機関のみならず、145カ国の在外公館や貿易投
資事務所で活用されており、当初の「ターゲットを絞ったプロモーション」
は、世界各地の公館や政府機関が実施できる「ソフトパワーとしての国家ブ
ランディング的なツール」に進化したと言えよう。

2　グレート・キャンペーンの運営体制

　グレート・キャンペーンは開始当初、首相官邸と内閣府のリーダーシップ
のもと、財務省および外務省と緊密に連絡をとりながら運営された。キャン

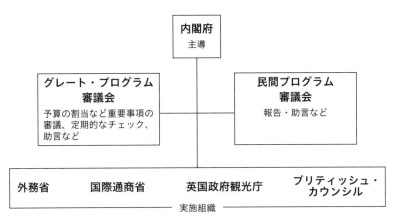

図1　グレート・キャンペーンの運営体制

ペーンのディレクションは、外務省の戦略コミュニケーション部門のディレクターであり、省庁を超えたブランディングの専門家であるコンラッド・バード氏が担当している。現在は、内閣府の主導のもと、外務省、国際通商省、政府観光庁、ブリティッシュ・カウンシルが委託を受ける形でデリバリー・パートナー（Delivery Partners）として運営を担っている（図1）。

　さらに、文化・メディア・スポーツ大臣を議長とするグレート・プログラム審議会（Great Programme Board）が設置されている。メンバーは、貿易・投資関連の閣外大臣、外務省、国際通商省、政府観光庁、イングランド観光局、ブリティッシュ・カウンシルに加え、外務省や首相官邸、文化・メディア・スポーツ省、内閣府からのシニアレベルの事務官、民間企業連合の議長で構成され、目標に対するキャンペーンの進捗状況や有用性のチェックを毎月行っている。加えて、民間プログラム審議会（Private Sector Programme Board）も設置されており、マルベリー、バーバリー、マクラーレンなどイギリスを代表する企業のほか、大学協会、プレミアリーグなどグレート・キャンペーンに関連する教育およびスポーツ分野の組織も加入している。これにより政府機関だけでなく、民間の企業・団体などの主体的な参加・協働による分野を横断した活動体制が構築されている。

3　グレート・キャンペーンのビジュアル戦略

　グレート・キャンペーンのビジュアルでは、国名の「Great Britain」にある「GREAT」が大きく強調され、「X is GREAT Britain」というフォーマットでコアスクリプトが統一されている。「Culture is GREAT Britain」「Heritage is GREAT Britain」のように「X」にはイギリスが強みとしているテーマの言葉が入れられるが、強み以外にも「Innovation（革新）」や「Entrepreneurs（起業家）」といった先端的なテーマも選ばれている（図2）。

　キャンペーン開始当初より「貿易・投資」「教育・留学」「観光」の3つの分野の下にメインのテーマ（柱）が設定され、さらに必要に応じてサブテーマが設けられている。現在では合計で46テーマに拡大している。

　○貿易・投資分野（主に在外公館国際通商部が推進）

　　・革新（Innovation）

　　・起業家（Entrepreneurs）

　　・創造性（Creativity）

　　・科学技術（Technology）

図2　起業家のビジュアルを飾るリチャード・ブランソン氏
（出典：Great Asset Library）

・ビジネス（Business）

・環境（Green）　など

○教育・留学分野（主にブリティッシュ・カウンシルが推進）

・知識（Knowledge）

・英語（English）　など

○観光分野（主に英国政府観光庁が推進）

・ショッピング（Shopping）

・フード（Food）

・海岸（Coastline）

・冒険（Adventure）

・遺産（Heritage）

・文化（Culture）

文化のサブテーマとして、デザイン（Design）、音楽（Music）、ファッ
ション（Fashion）、映像（Film）、文学（Literature）

・スポーツ（Sport）

・田舎（Countryside）　など

　例えば、文化のサブカテゴリーは、観光分野だけでなく、教育・留学分
野、さらにクリエイティブ産業としての貿易・投資分野とも深い関連性があ
るため、英国政府観光庁だけでなく、ブリティッシュ・カウンシルや在外公
館国際通商部もプロモーションを手がけ、文化、観光、教育・留学、貿易・
投資の各分野と相乗効果を狙うようにプランニングされる。

　ビジュアルには必ずコアスクリプトがあり、関連した特徴的なストーリー
が端的に添えられている。例えば「Knowledge is GREAT Britain」であれ
ば、イギリスの教育システムでリサーチとイノベーションが優れている面が
強調され、世界の1％の人口で、世界の全科学論文の9％、論文引用の10％
をイギリスが占めていること、G8の中で最も生産的であることがストー
リーとして併記されている。

4 グレート・キャンペーンの特徴

1 統合的マーケティング・コミュニケーションの実施

　ここでは、グレート・キャンペーンを統合的マーケティング・コミュニケーションの視点から見ていこう。

　グレート・キャンペーンは、国家ブランドの見直しではなく、イギリスのブランドを活用した貿易・投資・観光分野での「経済成長の政策を実現するためのキャンペーン」と位置づけられる。それゆえ、その実施においては別々に行われていた様々なプロモーション業務をブランドに基づいて統合していくことが求められる。その際、グレート・キャンペーンのために特別なプロモーションが企画されているわけではなく、各省庁間で「グレート・ブランド」を共同リソースと見なして相乗効果を高めるために連携を強化する取り組みが行われている。

　例えば、東京の英国大使館が日本でグレート・キャンペーンの実施を計画する場合、まずは予算申請に向けたマーケティングリサーチを行う。そこで得られた結果から、イギリスの強みで日本人に認知されているものとされていないものが明確になる。その分析結果を踏まえて、日本と今後戦略的にパートナーシップを強化したい分野を考慮に入れながら、どの分野でキャンペーンを実施していくかを決定する。

　これまでの日本での実施状況を見てみると、まずはイメージ改善があまり進んでいなかった「食」から展開をスタートさせている。「食」の分野は観光プロモーションの観点からも重要であり、食材の輸入など貿易ビジネス面でも強化が望まれる分野である。その後、「ショッピング」「ファッション」を取り上げ、観光と連携したキャンペーンへと発展させていった。近年では日英の戦略的パートナーシップのさらなる強化を目的として、最先端の科学技術開発・研究の連携、それらを用いた商品やサービス（例えばファイナンス・テクノロジーなど）の日本での展開、さらには逆に日本のイノベーション企業のイギリスへの進出を促進するなど、「イノベーション」をテーマに

したグレート・キャンペーンを展開している。

　また、キャンペーンによる統合的なデザインを考える上では、日常業務をベースに実施するキャンペーンだからこそ達成できることは何か、相乗効果をどのように生み出すかといった押さえるべきポイントが各部署と連携しながら明確にされている。食をテーマとしたキャンペーンでは、関係各部署と目標を共有しつつ、各部署の責任でB to B（Business to Business ／企業間取引、観光であれば旅行代理店や観光メディア、貿易であればフードビジネス関係）主体のプロモーションを行い、目標の達成を目指す。ここまでが通常業務の範囲である。グレート・キャンペーンでは、これに加えて食全体のイメージ向上を図るために一般向けの SNS や広告、メディアなどを通じた統合的なプロモーションが実施され、それまで各部署がアプローチできなかったより広い潜在的な顧客にアピールすることでブランディングの統合を狙っている。

2　連携を促進する仕組みの構築

　グレート・キャンペーンでは、「連携しなければ予算面と人事評価面で損になる仕組み」が取り入れられており、それが成功の要因の1つになっている。このような仕組みを導入することで、組織全体を再編することなく、各組織をブランドが戦略の中心になるような形に実質的に変化させることが実現されている。

　予算面に関して見ると、グレート・キャンペーンでは、予算申請の段階で、実施主体が事前に関係省庁と連絡調整を行った上で協働すること（単一部署からの予算申請はできない）、さらに民間セクターとの共同展開案を提出することが条件として求められている。また、グレート・キャンペーンの予算はマッチング・ファンドの性格を有しており、同額程度の予算を民間組織から集めることも義務づけられている。これにより民間と積極的に連携していく動きが促進され、民間のノウハウが取り入られることでキャンペーンに広がりと親しみやすさがもたらされている。プレイス・ブランディングの世界的権威として知られるキース・ディニー氏は、想像力やクリエイティビティ

にあふれる人たちの存在が政府には思いつかないような新たなアイデアを提供してくれるとして、市民や民間企業と連携していくことの重要性を指摘している。

　もう1つの人事評価面に関しては、「360度評価」と呼ばれる評価方法が導入されている。省庁や部署の区分を超えて仕事上で直接関わった複数の人からの評価によってパフォーマンスの状況を判定されるもので、例えば外務省職員であれば政府観光庁や国際通商省といった他省庁の職員からも評価されることになる。それゆえ、他の省庁・部署と良好な連携関係を結びながら円滑に業務を進めていくことについて常に意識を高めておくことが求められる。分野を超えた連携という意味においては、この仕組みが寄与した点も見逃せない。

3　共通言語としての KPI の設定

　グレート・キャンペーンでは、KPI（重要業績評価指標）を共通言語として設定し、効果的に活用されている。

　例えば東京の英国大使館では、グレート・キャンペーンの実施を担当する広報部、貿易投資を担当する国際通商省の部署と政府観光庁との間でKPIを通して取り組みの目標を明確に示すことで、相互理解を図っている。それにより、それぞれの部署・組織で自分たちの役割を確認し、どのような活動を実施することで貢献できるかというような具体的なディスカッションが生まれ、キャンペーンのデザインに関しても円滑な合意形成に基づいて進められている。ここでは、KPI が戦略を共有するためのツールとしてうまく活用されている。当然ながら、民間との連携においても KPI が共通言語として用いられている。

　その裏側には、KPI をローカル（在外英国政府関係機関）でも独自に決めることができる仕組みがあることを指摘しておきたい。例えば、本省で設定された目標に向けた取り組みに対して、各ローカル内で自分たちがどれだけ貢献できるかを考え、自身の組織内でKPIを決定できる（予算申請段階で承認の必要あり）。これにより、各ローカル内には本省から一方的に与えら

れたキャンペーンではないという意識が生まれ、本省と目的を共有しながら
キャンペーンをある程度自由にデザインできることで積極的な姿勢を喚起す
ることにつながっている。本省とローカル間のコミュニケーションという点
においても、KPI が効果的に活用されているのである。

　グレート・キャンペーンでは、以上の３つの大きな特徴をもとに各省庁
を横断する形でブランディングの取り組みが実施されている。そこでは、統
合された指揮系統によるシンプルな運営組織体制が構築されていることで、
運営の重複を避けるなどスリム化が図られており、それにより予算の無駄も
削減されている。さらに積極的な民間連携を促すことで、財政的なリスクを
コントロールしつつ、民間のブランドと国家のブランドをうまくつなげて相
乗効果を生み出し、強力なブランドを発信していくことを実現させている。

（佐野直哉）

注
＊1　James Pamment（2016）*British Public Diplomacy and Soft Power*, Palgrave Macmillan, pp.172-
　　177, 198-202
＊2　前掲＊1、pp.172-177、198-202

参考文献
・太下義之（2009）「英国の『クリエイティブ産業』政策に関する研究」『季刊政策・経営研究』
　Vol.3、三菱 UFJ リサーチ＆コンサルティング、pp.119-158
・金子将史「パブリック・ディプロマシーと国家ブランディング」『外交』Vol.3、外務省、pp.24-32
・一般財団法人運輸総合研究所主催「観光・ブランディングに関する国際シンポジウム」（2019 年
　3 月 13 日）におけるキース・ディニー氏の基調講演および発言部分

イギリス

文化と観光を結びつけた
英国政府観光庁の取り組み

　本節では、イギリスの DMO である英国政府観光庁が、ブランド戦略の枠組みの中でどのように自国の文化を取り入れ、具体的にどのような取り組みが実践しているのかを紹介する。

1　イギリスの観光政策における文化の位置づけ

　イギリスでは、文化を経済戦略のための重要な資源と捉え、観光と結びつけた政策を積極的に実施している。1997 年にトニー・ブレア首相が推進した国家ブランディング戦略「クール・ブリタニア（Cool Britannia）」以降に施行されてきた文化政策では、確かな理念に基づいて構想されたブランディングに関する取り組みを数多く確認できる。

　では、英国政府では観光政策において文化をどのように捉えられているのだろうか。2010 年に英国政府観光庁が発行した報告書「文化と遺産」[*1] に沿って見ていこう。この報告書では、イギリスにとっての文化の意味を示した上で、インバウンドにおける文化について再定義しながら、マーケティングに有効な多岐にわたる情報が取りまとめられている。

　同報告書は以下のような書き出しから始まっており、イギリスを訪れる外国人旅行者の中で文化が重要なモチベーションとなっていることが強調されている。

　「イギリスは、国際観光市場において、ワールドクラスの『文化と遺産』

の国として認識されている。イギリスが外国人観光客を誘致する際には、文化と遺産が最も重要なコンテンツとなっている。多くの観光客は、イギリスの文化とは無関係にただ漠然と訪問していると考えているかもしれない。しかし、文化が最も強いモチベーションとなっていることは調査結果からも明らかであり、訪英客の57%が歴史と文化を最大のモチベーションに挙げている。外国人観光客の訪英意欲を高めるためには、マーケティング上、文化を有効に活用することが重要である」。

　これを踏まえ、英国政府観光庁では、自国の文化が持っているポテンシャルを把握するために全世界的にマーケティング調査を行っている。その結果、イギリスの文化の強みとして「建築遺産（Built Heritage）」「文化遺産（Cultural Heritage）」「現代文化（Contemporary Culture）」の3つの柱が挙げられ、インバウンド観光に資する観光資源を特定している（表1）。

1）建築遺産

　建築遺産には、文化関連施設だけではなく、新たな感動に出会えたり、地域に暮らす人々と触れ合えたりするような精神的な満足感が得られる場所も含まれている。この柱の中心となる観光資源は、「世界的に名の知られた建

表1　イギリスのインバウンド観光に資する観光資源

国際競争力がある3つの文化の柱	インバウンド観光に資する観光資源
建築遺産	世界遺産／世界的に名の知られた建築物と遺跡 古城と大邸宅／教会と大聖堂／英国らしい特徴的なシティとタウン イギリスらしい光景・風景・景観
文化遺産	美術館と博物館／アート・ギャラリー 舞台芸術（シンフォニー・オペラ・バレエ）／英国式庭園／パブ フード＆ドリンク／先祖・民族的起源とする人々のゆかりの地 プレミア・リーグ／サッカー／スポーツ観戦／文学／教育と英語学習 英国王室／イギリスの歴史に文化的な影響を与えたもの／文化関連のイベント カルチュラル・オリンピアード関連
現代文化	音楽／ミュージカル／ナイトクラブとバー／ボリウッド映画ゆかりの地 映画とテレビ番組のロケ地／ファッション・ウィーク関連 デザインとファッション／フェスティバル／モダン・ブリティッシュ・フード コスモポリタン・ブリテン（世界的視野を持つイギリスとイギリス人）

（出典：VisitBritain（2010）*Culture and Heritage Topic Profile*をもとに作成）

築物と遺跡」「古城と大邸宅」「教会と大聖堂」「特徴的なシティとタウン」
である。潜在的な観光客を誘致する上では、伝統的な建築遺産でのコンテン
ポラリー・イベント、古城でのライブ・コンサート、歴史的な博物館での
ファッション・ショーを開催したり、ロンドン市内を流れるテムズ川でのク
ルーズ体験を実施するといった取り組みが有効である。

2）文化遺産

文化遺産に関しては、型にはまったメッセージを発信するのではなく、そ
れぞれの地域にある（眠る、ゆかりのある）固有の文化をストーリーとして
伝えることが、多くの人々の共感を呼ぶ。この柱の中心となる観光資源は、
「美術館と博物館」「アート・ギャラリー」「舞台芸術」「英国式庭園」「パブ」
「フード＆ドリンク」「先祖とのつながり」「サッカー」「スポーツ観戦」「英
語学習」「英国王室」である。「文化関連のイベント」と「カルチュラル・オ
リンピアード」もここに含まれる。

「パブ」や「フード＆ドリンク」は、その地域に暮らす人々と触れ合った
り、その土地でしか味わうことのできないローカル・フードを楽しんだりで
きる点で有効な観光資源である。イギリス料理に対する偏見は世界的に根強
いが、ローカル・フードをうまく打ち出すことによってそういった偏見を克
服することが可能である。加えて、訪英客の足を地方へ向けるきっかけにも
なる。

また、イギリスは多くのスポーツが発祥した国であり、「スポーツ観戦」
は強力な観光資源である。なかでも、サッカーは重要で、特にプレミア・リー
グはアジア人の間で人気がある。さらには、「英国王室」も重要な観光資源
と位置づけられ、英国王室が所有する施設には年間約500万人（2008年）
が訪れている。

3）現代文化

イギリスには、伝統を重んじる文化がある反面、新たな文化が生まれる土
壌もあり、新旧が表裏一体となった国とも言われる。実際、国家ブランド指
数の「コンテンポラリー・カルチャー」の評価項目では50カ国中4位、「躍
動感のある国」でも4位にランクインしている。ロンドン市に加えて、エ

ディンバラ市、マンチェスター市、リバプール市、ニューカッスル市がコンテンポラリー・カルチャーの発信地として広く知られている。

　この柱の中心となる観光資源は、「音楽」「ミュージカル」「ナイトクラブとバー」「映画とテレビ番組のロケ地」「デザインとファッション」「フェスティバル」である。イギリスのクールさを象徴する「モダン・ブリティッシュ・フード」や「コスモポリタン・ブリテン」もここに含まれる。

2　観光政策の運営体制

　英国政府では、文化・メディア・スポーツ省が文化と観光の両方を担当している。同省は、閣内大臣が所管する省庁の1つとして位置づけられており、職員数は380人と最も少ない。

　その名称からは雑多な印象を受けるが、前身は国家遺産省である。国家遺産省は、ジョン・メージャー政権時の1992年に設立されたが、その際に文化に関連する業務を他省から引き継いだ。観光に関しては雇用省から引き継がれたが、雇用省が観光を担当していた背景には、観光が失業率解消のための雇用の創出源として捉えられていたことが挙げられる[*2]。一方、映画は貿易産業省、スポーツは教育省、報道メディアは内務省からである。しかし、実際の取り組みについては、国家遺産省でアームズ・レングスの原則[*3]に則り全般的な政策面での枠組みを整備するかたわら、各分野の直接的な管理運営については個々の独立組織が責任を負っていた。

　その後1997年、トニー・ブレア政権組閣の際に、「国家」や「遺産」といった（クールではなく古臭い）後ろ向きの響きを持つ名称からの脱却が図られ、「文化・メディア・スポーツ省」に改称される。同省では、イギリスのクールさを象徴するものとしてクリエイティブ産業が見直され、イギリスの持続的な発展に貢献するものとして13種類の産業（広告、建築、芸術とアンティーク、クラフト、デザイン、デザイナー・ファッション、映画とビデオ、相互的レジャー・ソフトウェア、音楽、舞台芸術、出版、コンピュータ・ソフトウェアとコンピュータ・サービス、テレビとラジオ）が指定され

た。その後、イギリスは、「未来への新たな切り口を提示する現代文化を発信する国」というイメージを強調していく路線へと舵を切っていく[*4]。

　イギリスにおいて観光分野の取り組みを担当しているのは、文化・メディア・スポーツ省所管の独立組織である英国政府観光庁である。英国政府観光庁の組織の主要な目的は、「（外国人観光客を誘致することに加え、季節変動の需要を平準化し）地域経済を活性化すること」である。また、文化・メディア・スポーツ省によって、訪英客の季節変動に関する目標に加えて、ロンドン市以外の地方分散に関する厳しい目標も設定されている[*5]。

　さらに、2015年7月、デイヴィッド・キャメロン首相が、インバウンドのさらなる拡大を目指し、5つの方針を打ち出した。その1つが、地方における雇用と経済の拡大を目的とした「訪英客の地方分散の促進」であった。英国政府観光庁では、これらの目的を達成するために、歴史文化遺産、スポーツ、音楽、映画、放送コンテンツなどを担当する文化・メディア・スポーツ省の下部組織と緊密な連携を図りながら、観光事業を推進している。

3　訪英客の地方分散に向けた取り組み

　ここでは、英国政府観光庁が重点的に実施している「訪英客の地方分散」に関する取り組みの状況を、英国統計局のインターナショナル・パッセンジャー・サーベイ（IPS）のデータをもとに見てみよう。なお、IPSでは、イギリスを「イングランド」「スコットランド」「ウェールズ」の3つのカントリーに分け[*6]、さらにイングランドを「北西イングランド」「中央イングランド」「南イングランド」「南東イングランド」など11のリージョンに分類し、グレイター・ロンドンを含むロンドンを加えて、全体を14のリージョンに分けた上で、データを収集している。

　2008年から2014年までの訪英客の地方分散の推移を表2に示す。まず、ロンドンの訪問率が全体的に右肩上がりである。このことは、訪英客の首都集中が徐々に加速していることを表す。一方、日本で訪問率が5%を超える都道府県は東京都以外に大阪府、京都府を含め全体の2割程度しかないの

表2 2008～14年における訪英客の地方分散の推移

訪問率	リージョン	2008年	2009年	2010年	2011年	2012年	2013年	2014年	グラフ
50%以上	ロンドン	46.3	47.5	49.3	49.6	49.7	51.4	50.6	
11～50%	南イングランド	20.5	20.5	19.9	19.5	19.3	19.2	18.9	
	中央イングランド	15.4	15.2	14.5	14.3	13.8	14.4	14.2	
	南東イングランド	14.3	14.4	14.0	14.0	13.9	13.9	13.5	
	ノース・カウンティ	12.6	11.4	11.6	12.2	11.6	11.5	11.8	
5～10%	スコットランド	7.8	8.5	7.9	7.6	7.2	7.4	7.9	
	北西イングランド	7.7	7.0	7.3	7.7	7.4	7.4	7.3	
	東イングランド	6.8	7.1	6.7	6.1	6.3	6.1	6.1	
	ウェスト・ミッドランド	5.5	5.4	5.2	5.4	5.0	5.6	5.7	
	南西イングランド	7.3	7.4	7.2	6.8	6.5	6.7	6.4	
1～5%	ヨークシャー	4.0	3.6	3.5	3.7	3.5	3.7	4.0	
	ウェールズ	3.3	3.3	3.0	2.9	2.7	2.7	2.7	
	イースト・ミッドランド	3.7	3.3	3.2	3.3	3.0	3.3	3.0	
	北西イングランド	1.7	1.4	1.5	1.6	1.4	1.3	1.4	

（出典：英国統計局インターナショナル・パッセンジャー・サーベイをもとに作成）

に対して、イギリスでは全体の7割の地域で訪問率が5％を超えている。この数字から、日本に比べて観光客の地方分散がかなり進んでいることがわかる。

　また、英国政府発行の報告書「イギリスの地方分散」では、2014年にスコットランドを中心に訪英客の地方分散が加速したことが示されている。さらに、「ロンドン・オリンピック評価報告書」でも、2012年のロンドン・オリンピック以降、その経済効果は地方にまで及んでおり、期待を裏切らなかったと述べた上で、特にスコットランドとウェスト・ミッドランドでイギリス全体の8％を占めるほどの力強い経済成長を遂げたと報告されている。

これは、表2において、スコットランドとウェスト・ミッドランドの訪問率が、2012年を境に再び上昇に転じていることとも符合している。

4 英国政府観光庁の事業運営体制

英国政府観光庁が実施している文化に関連する事業は、大きく「本部主導型のグローバル事業」と「海外事務所主導型のローカル事業」の2つに分類できる。それらの各事業は、「パートナーシップ・マーケティング・イニシアティブ（PMI：Partnership Marketing Initiative）」と呼ばれる全世界共有の電子システムで運営管理されている。

1）本部主導型のグローバル事業

本部主導型のグローバル事業に関しては、本部が文化・メディア・スポーツ省の下部組織などと連携を図りながら事業の大枠を決めた上で、海外事務所が事業を推進する。

本事業では、イギリス各地のプレイス（リージョン、シティ、タウンなど）は、それぞれの地域にある文化的なコンテンツやストーリーを通して、全世界に向けて紹介される。

例えば、「イギリス映画の作品とロケ地」というテーマでの取り組みの1つとして、英国政府観光庁のホームページには、訪英客の誘致に貢献すると考えられる「ハリー・ポッター」など10本の映画とロケ地情報が、地方分散を考慮しながら紹介されている。

ほかにも、「イングリッシュ・ヘリテージが管理する世界文化遺産や考古学遺産、産業遺産」「ナショナル・トラストが保有する建築物や庭園、自然景勝地」「ビートルズやローリングストーンズ、クイーンなど、イギリスを代表するミュージシャンの故郷」「英国王室が保有する古城と大邸宅」「シェイクスピアやブロンテ姉妹、アガサ・クリスティなどの小説の舞台」「くまのプーさん、ピーターラビット、不思議の国のアリス、ハリー・ポッターなど児童文学から生まれたキャラクターの聖地」「アフタヌーン・ティーと地方料理」「サッカーやラグビー、テニスなどスポーツ発祥の地」といった多

種多様な取り組みが実施されている。

　また、観光客の地方分散と関連する取り組みとしては、2014年に、中国市場に特化した「チャイナ・ウェルカム・チャーター（China Welcome Charter）」という事業が開始されている。ロンドンに集中している中国人観光客をイギリス全土に分散させることを目的としており、各地にある約300の文化関連施設において割引などの特典が受けられる仕組みが構築されている。

2）海外事務所主導型のローカル事業

　海外事務所主導型のローカル事業については、ブランディング戦略の大枠の中での取り組みであれば、基本的に各事務所の裁量に委ねられており、各事務所から積極的に事業が企画・実施されている。

　例えば、日本市場に向けては、2005年に「英国式幸福論。」というキャンペーンを開始している。イギリスのライフスタイルからイギリスの文化を訴求していくことを目的とするキャンペーンで、イギリスのブランド企業と連携で各種活動が実施された。

　ほかにも、「庭園（コンスタンススプライのバラ）」「音楽（ジョンレノン・ミュージアム）」「ドライブ（ジャガー、ランドローバー）」「紅茶（リプトン）」「アフタヌーン・ティー（フォートナム・メイソン）」「テーブルウェア（ウェッジウッド）」「英語学習（ブリティッシュ・カウンシル）」など、様々なテーマで多様な取り組みが行われている。加えて、各事務所では広報大使も任命しており、日本では川合郁子（クラシック・ミュージック）、土屋守（パブ）、櫻井寛（鉄道）、土屋昌巳（コンテンポラリー・ミュージック）らが大使を務めている。

3）パートナーシップ・マーケティング・イニシアティブ

　英国政府観光庁は、グローバルで「一貫して統一的で継続的なメッセージ（3C：コミットメント・コンティニュイティ・コンシステンシー）」を重んじる組織風土であるため、すべての事業がブランディング戦略からかけ離れないようにシステム上でコントロールできる仕組みとして「パートナーシップ・マーケティング・イニシアティブ（PMI）」が構築されている。

各事業はこのPMIによって管理され、一部の情報はステークホルダーにも公開されている。事業を起案する際には、稟議上、以下の必須項目を入力することが義務づけられている。

・英国政府観光庁の理念とビジョンに対する事業の正当性・妥当性を詳細に記述する。
・事業があらかじめ指定された文化テーマのどの項目に該当するのか、あらかじめ指定されたグローバル・ターゲットのどのターゲット層に訴求するのかを選択する。
・表2に示す14に分類された地域のうちのどの地域に、（1年のうちの）何月にビジター・エコノミーをもたらすと考えられるのかを数値で入力する。なお、ロンドンだけを選択することは原則的に認められず、ロンドンを含む場合には「地方とロンドン」を組み合わせなければならない。
・英国政府観光庁のローカル事業は、マッチ・ファンド*7を原則とするため、どの企業・組織からいくらの収入を得るのか、英国政府観光庁の支出がいくらなのかを入力する。

　マネジャー職が起案した事業については、各国事務所の代表が確認し、本部のPMI担当者によって、数日から1週間以内に「オーソライズ（承認）」「リジェクト（却下）」「リライト（再提出）」の判断が下される。

　日本の観光政策では、観光ルートや受け入れ環境などを「訪日客の目線で磨き上げる」ことに重点が置かれ、そのような取り組みが各地で積極的に行われている*8。それに対して、イギリスの観光政策では、文化財をはじめとする観光資源のみに限定することなく、それぞれの「場所」に文化的なコンテンツやストーリーを見出し、戦略的に「見せる」取り組みが重視されており、そうした取り組みによりグローバル市場において「文化の国」としての揺るぎないブランドが構築されている。加えて、グローバル市場でマーケティングを効率的に実施していくための徹底した仕組みも築き上げられており、しっかりと運用されている。

　イギリスにとって、各地方にある文化は、観光客の地方分散を推進するた

めの口実であり、好都合な材料と捉えることもできるかもしれない。しかし、その背景には、国家としての理念、マーケティング上の戦略と緻密な計算がまぎれもなく存在しているのである。

（宮崎裕二）

※本節は、宮崎裕二（2017）「インバウンド観光における文化の再定義」『日本国際観光学会論文集』
　日本国際観光学会に加筆修正を施したものである。

注
* 1　VisitBritain（2010）*Culture and Heritage Topic Profile*
* 2　島川崇編著（2006）『ソフトパワー時代の外国人観光客誘致』同友館、p.96
* 3　イギリスの文化行政では、芸術と行政が一定の距離を保ち、援助を受けながらも表現の自由
　　　と独立性を維持するという「アームズ・レングスの原則（Arm's Length Principal）」に基づ
　　　いて取り組みが行われている。詳細は、文部科学省のホームページ（http://www.mext.go.jp/
　　　b_menu/hakusho/html/hpab200601/001/002/009.htm）を参照。
* 4　河島伸子、大谷伴子、大田信良編（2012）『イギリス映画と文化政策』慶應義塾大学出版会、p.20
* 5　新井佼一（2011）「イギリスの観光政策と観光振興」『ホスピタリティ・マネジメント』2(1)、
　　　亜細亜大学経営学部、pp.61-91。文化・メディア・スポーツ省が毎年行っている英国政府観
　　　光庁の事業に対する評価や監査は非常に厳しい。具体的には、以下の3点である。①文化・
　　　メディア・スポーツ省と合意した主要な目標に従って、イギリスの海外観光宣伝において関
　　　係者の協力を得た上で顧客本位の戦略を策定する。ロンドン市以外の地域における海外旅行
　　　者の支出を少なくとも 62% 増大させる。②スコットランド観光局、ウェールズ観光局、ロン
　　　ドン観光局およびイングランド各地域の担当部局と協働でイギリス全体を売り込んでいくた
　　　めに、各関係者の協力を得る。③あらゆる観光事業者の要望に応えられる施策を保証しなが
　　　ら民間部門とのパートナーシップ事業を導入していく。
* 6　英国政府観光庁の管轄はブリテン島のみで、北アイルランドはアイルランド政府観光庁の管
　　　轄となる。
* 7　企業、行政などが資源を持ち寄り、より規模の大きな活動を実現させるために共同で資金を
　　　提供しあう制度。
* 8　田村明比古観光庁長官は、インバウンド・シンポジウム（2016 年 9 月 28 日）の中で「観光
　　　素材を旅行者の目線で磨き上げること、活用すること、保存中心だった文化財や自然を活用
　　　すること」を重要施策の 1 つに掲げている（日本経済新聞、2016 年 10 月 19 日朝刊）。

ニュージーランド

新しいターゲットを開拓したキャンペーン 「100% PURE NEW ZEALAND」

本節では、プレイス・ブランディングの成功例として取り上げられることの多いニュージーランドの取り組みを紹介する。

人口約 495 万人（2019 年 3 月現在）のニュージーランドには、日本の約 4 分の 3 の国土の中にフィヨルドやマウントクックなどの壮大な自然、マオリ文化とイギリスの面影を残す町並み、ワイナリーと高品質なワインなどの観光資源が数多く存在し、世界中から年間約 360 万人の観光客が訪れる。日本に向けては、ニュージーランド政府観光局の日本支局が観光プロモーションを行っており、日本からの来訪者数は年間約 10 万人を数える。

ニュージーランドでは、1999 年に導入した「100% PURE NEW ZEALAND」という観光ブランディングキャンペーンで成功を収め、他国の観光・国家ブランディングに大きな影響を与えたとされている。ワールド・エコノミック・フォーラム（World Economic Forum）によるトラベル・アンド・ツーリズム・コンペティティブネスの 2019 年のランキングによると、ニュージーランドは全世界で 18 位、アジア・オセアニアでは 7 位にランクインしている[1]。また、国家ブランドランキングで有名なイギリスのフューチャー・ブランド（Future brand）社が発表している 2019 年のカントリーブランドランキングでは、全世界で 11 位、アジア・オセアニアで 2 位につけており[2]、ニュージーランドの国家ブランドの認知度の高さを裏づける結果となっている。

ニュージーランドにおける国際観光関連のデータを表 1 に示す。2015 年

表1 ニュージーランドにおける国際観光関連のデータ

測定値 ＼ 期間	2013年4月～ 2014年3月	2014年4月～ 2015年3月	2015年4月～ 2016年3月
ニュージーランド国内における国際観光消費額	103.45億ドル (約1兆1380億円)	121.14億ドル (約1兆3325億円)	144.86億ドル (約1兆5935億円)
国際観光のGDPへの貢献率	5.1%	5.2%	5.6%
全輸出に占める国際観光比率	15.4%	17.9%	20.7%
旅行業界のフルタイム従業員数（直接雇用のみ）	175,284人	181,500人	188,136人
旅行業界のフルタイム従業員数（間接雇用含む）	309,210人	320,370人	332,322人
観光関連総消費額（国内観光含む）	280.39億ドル (約3兆843億円)	309.35億ドル (約3兆4029億円)	346.99億ドル (約3兆8169億円)
観光による物品・サービス税額	22.42億ドル (約2466億円)	24.94億ドル (約2743億円)	28.30億ドル (約3113億円)

(出典：観光・ブランディング研究会における実施・調査報告書)

4月～2016年3月のデータを見ると、国際観光のGDPへの貢献率は5.6%、全輸出に占める国際観光比率は20.7%となっており、輸出産業における観光産業の重要度の高さが確認できる。

1 ニュージーランドにおける観光政策の変遷

ニュージーランドは、ブランディングに関する取り組みの歴史が古く、19世紀の時点で「Scenic Wonderland」というスローガンを打ち出し、観光客や移民、外資を呼び込むためにキャンペーンが実施されていたと言われる[3]。しかしながら、1980年代においてもニュージーランドには「人の数より羊が多い」というイメージが先行しており、デスティネーションとしてあまり魅力的ではないと捉えられていた[4]。

その後、1990年代に入り、輸出不振により景気の後退が進んだことで、国のプロモーションの見直しが始められた。その際、政府と民間セクターの構造改革、政府系機関の民営化、政府の民間手法を活用したアプローチにより、ニュージーランド製品や産業自体のブランディングの考え方を取り入れることが求められた[*5]。

　こうした変化への対応を迫られるなか、ニュージーランド・マーケット・デベロップメント・ボード（NZMDB）では、欧州市場で広告キャンペーンを実施するとともに、アメリカのテキサスにおいて6カ月間に及ぶ大々的な農産物のプロモーション・イベントや貿易フェアを開催している。それにより一時的に輸出を伸ばしたものの、さほどニュージーランドの認知度は上がらず、製品の販売も伸びないという残念な結果に終わってしまった[*6]。

　そこで、牧歌的なイメージが強かったことを逆手にとり、「Orchard of The Pacific（太平洋の箱庭）」をタグラインとしてプロモーションを実施するも、あまり強いインパクトは与えられなかった。

　その反省から、グローバルマーケットにおけるニュージーランドのイメージを回復することを目的として、1995年にニュージーランド政府観光局とトレード・ニュージーランドが合弁で「ザ・ニュージーランド・ウェイ・リミテッド（TNZWL）」を設立。TNZWLでは、「The New Zealand Way」「Fresh The New Zealand Way」「Taste The New Zealand Way」「Experience The New Zealand Way」といったタグラインをもとに各種プロモーション活動を展開し、ある一定の評価を得たが、こちらも期待していたほどの効果が得られなかった。

　そして、1999年の7月、ブランド刷新のためにニュージーランド観光局（TNZ）により打ち出されたキャンペーンが「100% PURE NEW ZEALAND」であった。

2　「100% PURE NEW ZEALAND」の概要

　本項では、ニュージーランドに大きな成功をもたらした観光キャンペーン

「100% PURE NEW ZEALAND」について紹介していこう。

1　タグラインの作成

　ブランド構築にあたり、ニュージーランド観光局では、潜在的な旅行者に関する調査を行い、ターゲットを「教育水準が高く、経済的に独立し、人々との交流や異文化体験に価値を見出し、ありきたりの観光では体験できないアドベンチャーを求めている人」に設定している。そして、選定したターゲット層に対して、国をよく知ってもらい、訪れてもらうための戦略を周到に練り上げていった。特に「100% PURE NEW ZEALAND」のタグラインについては、言葉や文化が違う国でも受け入れられるかどうかを事前に調査することも兼ねて、アメリカと日本で先行して紹介されている。

　そのような事前調査に代表されるように、このキャンペーンでは、ニュージーランドを他の観光地と明確に差別化し、主要マーケットに共通したメッセージを送ることが重点的に行われている。この強力なタグラインにより、「100% PURE NEW ZEALAND」は国際的に最も成功した国家レベルのプロモーション活動と評価され、非常にインパクトのあるデスティネーション・ブランドとして認知されることとなった。なお、このタグラインについては、ニュージーランドのほか、主要マーケットであるオーストラリア、ヨーロッパ、アメリカ、日本、シンガポール、台湾、中国、インド、タイ、韓国、香港等で著作権が取得されている。

　また、ブランドが確立された後には、「100% PURE NEW ZEALAND」のコアメッセージである「100% PURE」を固定する形で、「100% PURE RELAXATION」「100% PURE WELCOME」「100% PURE ADRENALINE」「100% PURE YOU」などのメッセージが展開されている。

2　世界を目指したデスティネーション・キャンペーン

　ニュージーランド観光局では、「100% PURE NEW ZEALAND」を継続しながら、改善を加えて展開することでブランド構築を成功に導いた。インパクトのある風景や人々など、ニュージーランドの多様性を利用したビジュ

アルを利用した印刷物、デジタルツール、テレビコマーシャルは多くの人々の印象に残った。「100% PURE NEW ZEALAND」を打ち上げた翌年には、海外メディア向けの専門チームを創設して、世界的なイベントに海外メディアを誘致して、ニュージーランドの認知度を上げる活動を展開した。

　2007年のラグビーワールドカップ・フランス大会では、パリのエッフェル塔の前に「100% PURE NEW ZEALAND」のタグラインが描かれた巨大なラグビーボールを設置し、2011年のラグビーワールドカップ開催地であるニュージーランドを印象づけた。このラグビーボールはイギリスにも渡り、ロンドンのタワーブリッジの横に設置され、エリザベス女王や当時のロンドン市長の訪問も受けるなど、デスティネーション・ブランドの認知向上のために、海外メディアの発信力をうまく利用した。

3　デジタル・マーケティングの活用

　マーケティングに関しては、潤沢な予算がなかったことから、多額の費用を要するテレビや雑誌の広告に比べて少額の予算で済ますことができるインターネットを活用することからスタートさせている。その後、YouTube、Twitter、Facebookなどの新たなメディアを使いこなして旅行の情報を発信・受信していくことがマーケティング担当者にも観光客にも当たり前となり、結果的にはインターネットが効率的で費用対効果の高いマーケティングツールの主流となった。ニュージーランド観光局ではテレビや雑誌などの従来型のマーケティングからいち早く離脱し、観光客のニーズを的確に捉えながらデジタル・マーケティングを活かした[7]。

4　相乗効果を生み出す取り組み

　ニュージーランド観光局では、ニュージーランドで撮影され世界的に大ヒットした映画「ロード・オブ・ザ・リング」に着目し、「100% PURE NEW ZELAND」のキャンペーンと同時進行で映画を絡めたマーケティング活動を展開させた。そこでは、撮影地を巡る旅行プランを紹介することで、ブランディングから実際の誘客までの一連の流れが構築されている。

映画にはニュージーランドの素晴らしい自然が登場するが、この旅行プランはその雄大な自然を観光客にアピールする絶好の機会にもなった。撮影地がニュージーランドであることも多くの人が知る機会となった。その点で、自然体験を売りの1つに掲げていた「100% PURE NEW ZELAND」のキャンペーンとも親和性があり、好ましい相乗効果が生み出された取り組みに位置づけられるだろう。

3 「100% PURE NEW ZEALAND」の成果

このキャンペーンの結果は非常に好意的に受け入れられ、4年弱の短期間で他の国々が何十年もかかってようやく獲得した成果をあっさりと更新した。その一番の要因としては、「100% PURE NEW ZEALAND」というタグラインが発信するメッセージが、消費者にわかりやすく伝わりやすかったことが挙げられるだろう。そのポジティブなメッセージが、「100% PURE」の文言が付けられた製品は信頼に値するというブランド価値を確立し、その後のマーケティング活動の基礎が形づくられたのである。統計によると、オーストラリア人、イギリス人、アメリカ人観光客の約80%がメッセージ通りの体験ができたと回答しており、満足度の高さを示している[8]。

キャンペーンの成果を数字で確認すると、ニュージーランドへの渡航者は、キャンペーンを開始して間もない2000年には10%増加し、観光消費額も20%増加している。また、1999年から2004年までのデータで見ると、渡航者数も平均で年間7%増加し、キャンペーン開始以前の1998年に比べると50%も渡航者が増えている[9]。一方、観光消費額で見ると、キャンペーンが始まった1年後の2000年には、消費額が20%も上昇した。

4 「100% PURE NEW ZEALAND」から 学ぶべきポイント

以上を踏まえ、本節では「100% PURE NEW ZEALAND」の取り組みから学ぶべきポイントについて述べる。

1 期待を裏切らないデスティネーション・ブランド

　「100% PURE NEW ZEALAND」では、環境保全の観点からも評価の高い自国の豊かな自然環境に注目し、その環境を利用したアドベンチャーツーリズムをプロモーションすることで、多くの潜在的な観光客の憧れを醸成し、それまでの退屈であまり印象に残らないニュージーランドの景観を世界のアドベンチャーの中心地へと大きく変貌させた。このように説得力のあるメッセージと実際に体験できる期待を裏切らない大自然のアドベンチャーツーリズムを一連のクロスマーケティングの中で展開することで相乗効果が生み出され、ブランド構築を成功に導く原動力になっている。

　現在では、トレッキングやスキーといった従来からあったアウトドアスポーツに加えて、バンジージャンプやゾーブ（ビニール製の巨大なボールの中に入り斜面を転がって遊ぶスポーツ）などの新たなアドベンチャースポーツも積極的に取り入れられている。そこには、アドベンチャー大国としての受け入れ体制を充実させることでブランドとしての価値をさらに高め、観光客の期待に応えようとする姿勢を垣間見ることができる。

2 他業種との連携

　「100% PURE NEW ZEALAND」の成功要因の1つとして挙げられるのが、他業種との連携である。異なる業界間で良好なパートナーシップが形成されたことにより、観光産業内でブランドに対する理解が深まり、ブランドに根ざした一貫性のある旅行商品の開発といった積極的な取り組みが促進されている。

　ニュージーランドでは世界的なイベントが開催されることが多く、例えば、国際ヨットレースのアメリカズカップや世界ラリー選手権のラリー・ニュージーランドなどが開催された。ニュージーランド観光局では、そのような国際的なイベントが開催される際に、世界中からメディアを招請して、大会の取材はもちろんのこと、観光地としての魅力も紹介してもらうことで、認知の向上を図っていた。

　その中でも代表的な連携の成功事例は、先にも紹介した、2001年から

2014年まで放映された映画「ロード・オブ・ザ・リング」シリーズの撮影協力であろう。この撮影協力により、オスカーを受賞した映画の中で登場する圧倒的なニュージーランドの大自然の風景は世界中の人々にインパクトを与え、それに応えるように旅行会社や航空会社が旅行商品を造成した。

3　カスタマー・エクスペリエンス（顧客体験）の向上

　ニュージーランド政府観光局は、「100% PURE NEW ZEALAND」のキャンペーン展開と同時に、実際に訪問する観光客の顧客体験を向上させるため、ニュージーランド観光局が観光施設、例えば宿泊施設、着地型旅行商品、アクティビティなどに品質の認証を与える「クォールマーク（Qualmark）」の認証制度を見直し、より質の高いサービスが提供できるように整備をした。

　また、ニュージーランドに滞在する外国人観光客に対して質の高い情報を提供するよう観光案内所のアイ・サイトを充実させ、有機的に顧客体験の向上を図った。旅行会社で顧客に対応する社員は、数多くのデスティネーションを扱っており、必ずしもニュージーランドについて詳しいわけではない。そのような顧客の行き先選択に影響力のある旅行会社の社員には、実際にニュージーランドを訪問して視察してもらうのが効果的だが、距離や時間など多くの制約があり、課題となっていた。そこで、ニュージーランド観光局は2005年に観光局では初めて旅行会社社員向けのオンライントレーニングを開発し、2008年にウェビナー（インターネット上でセミナーを実施するサービス）を導入することで課題を解決していった。

　以上、ニュージーランド政府観光局の「100% PURE NEW ZEALAND」の取り組みを概観してきた。今では成功事例として取り上げられるこのキャンペーンも、そこに至る道のりは試行錯誤の連続であり、そのブランドは自国の魅力を掘り下げながら独自に改善を加えてきた積み重ねにより確立されてきたことが見てとれる。

　それゆえ、必ずしもニュージーランドと同じことを行えば、成功に近づけ

るわけではない。デスティネーション・ブランドの構築に向けては、それぞ
れのデスティネーションにおける観光資源、組織の運営体制、予算を踏まえ
た上で、デスティネーションが秘めている独自の DNA を見出し、それを十
全に表現していくことが求められる。そうした紆余曲折を経て確かなブラン
ドが構築されれば、すべての観光施策に一本の芯が通り、迷いのない一貫性
のあるプロモーション展開も可能になる。それが、今後ますます激しくなる
であろうデスティネーション間の競争を生き抜くために必須の取り組みだと
言えるだろう。

（武田光弘）

注
＊1　ワールド・エコノミック・フォーラム（World Economic Forum）のホームページ
　　　https://jp.weforum.org/reports/the-travel-tourism-competitiveness- report-2019
＊2　フューチャー・ブランド（Future Brand）のホームページ
　　　https://www.futurebrand.com/uploads/FCI/FutureBrand-Country- Index-2019.pdf
＊3　C.Bell（2008）"100% PURE New Zealand: Branding for back-packers", *Journal of Vacation Marketing*
＊4　C.Lodge（2002）"Success and failure: The brand stories of two countries", *Journal of Brand Management*
＊5　C.Michael Hall（2016）"100% Pure Neoliberalism: Brand New Zealand, New Thinking, New Stories, Inc.", *Commercial Nationalism and Tourism: Selling the National Story*, Channel View Books
＊6　前掲 ＊4
＊7　Asia Nepia（2013）"Nation branding and semiotics: a case study of the 100% Pure New Zealand campaign", Auckland University of Technology
＊8　Tourism New Zealand（2009）*Pure As: Celebrating 10 Years of 100% Pure New Zealand*
＊9　前掲 ＊7

アメリカ・カリフォルニア州

多様なプレイヤーと目標を共有する
ブランド・ツールキットの活用

　本節では、アメリカ・カリフォルニア州の DMO であるカリフォルニア州観光局で実施されている 3 つの取り組みに着目し、それぞれで導入されているブランド・ツールキット（3 章の手法 3 参照）を紹介する。

1　カリフォルニア州観光局の概要

　日本の国土面積とほぼ同じ広さのカリフォルニア州は、ロサンゼルス市、サンフランシスコ市、サンノゼ市（シリコンバレー地区）、サンディエゴ市などの大都市をはじめとして、世界自然遺産のヨセミテ国立公園やレッドウッド国立公園、カリフォルニア・ワインの産地として知られるナパやソノマ、サンタバーバラ、アメリカを代表する大型テーマパークのカリフォルニア・ディズニーランド・リゾートやユニバーサルスタジオ・ハリウッドなど、世界に名だたる観光資源に恵まれた州である。

　カリフォルニア州において、観光は「観光経済効果」「州税・地方税獲得」「雇用創出源」の 3 つに寄与することから重要な分野として位置づけられている。このため、同州の DMO であるカリフォルニア州観光局（Visit California）では、観光客の数ではなく消費額が重視されており、消費額が高い市場（中国、メキシコなど）と富裕層が多い市場（イギリス、オーストラリアなど）がマーケティング上で重要なターゲットとして扱われている。

　カリフォルニア州観光局におけるマーケティングの主要な目的は、来訪者

の地方分散であり、国際空港があるサンフランシスコ市、ロサンゼルス市、サンノゼ市、サンディエゴ市に集中する観光客を州内の 12 の地域へ分散させる取り組みに力を入れている。その点では州内で鉄道網が十分に発達していないことがネックになっているが、主要旅行業者と連携しながら地方へのツアーを企画したり、レンタカー会社と協力しながら 10 種類の絶景ドライブルートを開発するなど、来訪者が効率的に地方を訪問できる仕組みを構築する取り組みが展開されている。また、テレビ、雑誌、SNS、YouTube などを通して地方分散を誘発するようなメッセージも発信されている。

　加えて、カリフォルニア州観光局では、州内のサプライヤー（ワイナリー、ホテル、テーマパーク、レストラン、クルーズ、小売店、DMO など）が国際観光市場において競争力を高められるように「Co-Ops」と呼ばれるマーケティング・プログラムを有料で販売している。各サプライヤーがカリフォルニア州観光局のチャンネルを有効に活用しながら国際市場でマーケティングを実行できる仕組みであり、各サプライヤーはこのプログラムを利用することで、カリフォルニア州観光局のブランドの枠組みの中で、イベントやセミナー、広告などを実施することができる。

2　「ドリーム・ビッグ」におけるブランド・ツールキット

　カリフォルニア州観光局では、2015 年にグローバル・ブランド戦略「ドリーム・ビッグ」を開始した。この取り組みは州内のビジネス・パートナー（ホテル、レストラン、レンタカー、テーマパーク、DMO など）から高い評価を受け、当初 750 万ドル（約 8 億 2500 万円）だった観光局の年間予算を 1 億ドル（約 110 億円）にまで押し上げるきっかけとなったグローバル・ブランド事業である。

　「ドリーム・ビッグ」という名称には、潜在的な訪問者に対して「大きな夢を掲げ、その夢をカリフォルニア州で実現しませんか」というメッセージが込められている。観光に限定するのではなく、カリフォルニアで学んだり、憧れの仕事に就いたり、カリフォルニアは夢を叶える場所というメッ

表1 「ドリーム・ビッグ」のブランド・ツールキット

このブランド・ツールキットは、カリフォルニア州のブランド・アイデンティティを表している。すなわち、なぜブランドを導入するに至ったのか、どのようにブランドを表現しているのか、どのようにブランドを使用するのか、である。なぜブランド・ツールキットを作成したのか。その理由はただ一つ、カリフォルニア州観光局がグローバル市場で実行するすべてのコミュニケーションにブランド・プロミスとして「ドリーム・ビッグ」が反映されなければならないからだ。

○カリフォルニア州のブランド・アティチュード
　国際競争力のあるカリフォルニア州の強みは一体何か。カリフォルニア州のブランドの中核には、次の5つのエクスペリエンスの柱が存在する。カリナリー（料理）、ラグジュアリー（高級）、ファミリー、アウトドア、エンターテインメントの5つである。

○訪問者に対する9つのベネフィット
　カリフォルニア州観光局は、訪問者に次の9つのベネフィットを約束する。
　①解放された気持ち（Free spirited）　　②1人を楽しむ感覚（Individualistic）
　③楽しみ（Fun）　　　　　　　　　　　④若返り（Youthful）
　⑤エネルギー（Energetic）　　　　　　 ⑥冒険心（Adventurous）
　⑦歓迎された気持ち（Welcoming）　　　 ⑧流行（Trendy）
　⑨のんびりした感覚（Laid back）

○カリフォルニア州のブランド・エクスプレッション
　・「ドリーム・ビッグ」のロゴを具体的にどう表現するのか
　・ロゴの紹介　　　　・ロゴの構成　　　　　・ロゴを反転する場合の条件
　・ロゴの背景　　　　・ロゴの最小サイズ　　・ロゴのスペース
　・不正確なロゴの使用法　・URLとロゴを併記する場合
　・ビジネス・パートナーのロゴが存在する場合の条件
　・フォント　　　　　・中国語、韓国語、日本語のフォント
　・使用する色　　　　・デザイン・カラー　　・デジタル・カラー

○カリフォルニア州観光局は、「ドリーム・ビッグ」をグローバル市場において、統一した見せ方を順守し、「ドリーム・ビッグ」をプロフェッショナルに実行する。

○広告には、必ず、5つのエクスペリエンスの柱を含むか、組み合わせなければならない。

○カリフォルニア州観光局が発信するカリフォルニア州のイメージ（写真・動画・デジタル含む）は「ドリーム・ビッグ」のフィルターを通して発信されなければならない。
　・イメージ写真の風景は、カリフォルニア州で撮影されたものでなければならない。
　・イメージ写真の中に映る人物は、カリフォルニア・ライフスタイルを満喫しているようでなければならない。カリフォルニア州に暮らしていなければならない。
　・白黒ではなくカラー写真でなければならない。
　・カリフォルニア州観光局のヒーロー・イメージが中心に位置づけられなければならない。
　・ピントがぼけていてはならない。

○以下の写真は、「ドリーム・ビッグ」での使用を禁止する。
　・焦点が定まっていない写真　　　　　　・大勢の人々が群がる写真や交通渋滞の写真
　・明らかにやらせだとわかる写真　　　　・何らかの意図が隠されている写真
　・ヒーロー・イメージが隠れている写真　・遠景の写真
　・流行遅れのヘアスタイルやファッションの人物が映った写真
　・タレントのようなカメラ目線の人物が映った写真
　・自然現象ではありえない不自然な光が入った写真
　・小さくて見えないものが映った写真　　・ポーズをとらされた人物が映った写真

○スタッフ向けのブランド・ツールキット
　カリフォルニア州観光局のスタッフは、潜在的・顕在的訪問者やビジネス・パートナーに対してカリフォルニア州のタッチポイントとなる立場にある。したがって、ブランドに則り、正確に適切にブランドを表現しなければならない。Eメールのフォントとデザイン、名刺、封筒やレターヘッド、パワーポイント・プレゼンテーションのひな形とデザインを順守すること。不特定多数の来場者とのタッチポイント（消費者イベント、BtoBイベントなど）では、ブランドに則り、ドレスコードを設けること。

（出典：カリフォルニア州観光局のホームページをもとに作成）

セージを発信している。

「ドリーム・ビッグ」のホームページでは、カリフォルニア州で夢を実現した世界の人々が「カリフォルニア・ドリーマー」として短編動画で紹介されている。そこに登場する人物は、サーフィンやロッククライミングのチャンピオン、カリフォルニア・レストランのシェフ、芸術家、ミュージシャン、シリコンバレー起業家など様々だ。こうした取り組みには、短中期的な誘客を期待するのではなく、長期的なコール・トゥ・アクション（実際に訪問してもらうこと）へと導く戦略が垣間見える。

この「ドリーム・ビッグ」で使用されているブランド・ツールキットが、カリフォルニア州観光局のホームページ上で公開されている（表1）。その内容には、国連世界観光機関（UNWTO）が示している「シンプルで、クリアに、理解されやすい言葉で書くこと」「読んで楽しくなるように書くこと」「実用的に書くこと」という条件がしっかりと反映されている。

また、ホームページ上で公開されていることから、カリフォルニア州観光局のスタッフだけでなく、ブランディングに関わるステークホルダーやビジネス・パートナー、地域住民も確認することができる。ビジネス・パートナーにとっては、このブランド・ツールキットを理解することで効率的・効果的なマーケティングを共同で実現することが可能となる。一方、地域住民にとっては、カリフォルニア州がどのような問題意識から事業を推進し、何を達成しようとしているのか、どんな観光客が訪問するのかといった事柄を把握することができ、問題意識を高めることにもつながる。

3 「ゴールデン・ステイト・オブ・ラグジュアリー」に おけるブランド・ツールキット

カリフォルニア州観光局の調査によると、世界の超富裕層が頻繁に訪問している場所としてニューヨーク市、ハワイ州、フロリダ州、イギリス、イタリア、オーストラリア、そしてカリフォルニア州が挙げられている。一方、2014年のカリフォルニア州のデータによると、3％の超富裕層による観光消費額が全体の14％を占めており、それを裏付ける数字を確認することができる。

2016 年より、カリフォルニア州観光局では、そうした超富裕層市場の拡大を図るために「ゴールデン・ステイト・オブ・ラグジュアリー」の取り組みを推進している。

　74 ページにわたるブランド・ツールキットには、ビバリーヒルズのブランド・ショップや、サンタバーバラのレストラン、ナパのワイナリーなど、「ラグジュアリー」を想起させる数多くの情報が写真とともに掲載されている。デザイン性の高い重厚感のある雑誌形式のブランド・ツールキットで、その電子版はカリフォルニア州観光局のホームページでも公開されている。

　ブランド・ツールキットには、以下の内容が詳細に示されている。

・カリフォルニア州観光局の CEO、キャロライン・ベテータ氏による「ゴールデン・ステイト・オブ・ラグジュアリー」の必要性と意義
・なぜカリフォルニア州にブランドが必要なのか
・超富裕層とはどのような人物なのか
・どのようなニーズとウォンツを有しているのか
・ニーズとウォンツに対してカリフォルニア州が提供できる競争力を有する体験は何か
・カリフォルニア州はどのようなポジショニングを確立すべきか
・そのためにどのようなメッセージを戦略的に発信すべきか
・カリフォルニア州が超富裕層に対してどのようなベネフィットを約束できるのか
・カリフォルニア州として誘致すべき超富裕層とはどういった人物像（ペルソナ）なのか

この中で特筆すべき項目がペルソナであり、社内外に対してカリフォルニア州のブランドにふさわしいとされる人物像が特定されている。ブランド・ツールキットでは、図 1 のようなイラストを用いながら、ターゲットとする超富裕層が「どのような趣味や嗜好、価値観を有しているのか」「人生のモチベーションは何か」、またカリフォルニア州では「彼ら・彼女らをどのように満足させることができるか」といった項目について、誰もが理解できるわかりやすい言葉で記載されている（図 1）。これにより、「ゴールデン・ス

図1　ブランド・ツールキットに示されたペルソナ
（出典：カリフォルニア州観光局のホームページ）

テイト・オブ・ラグジュアリー」では、このようなペルソナであれば、国籍や年齢、ジェンダーなどを問わず、誰でも歓迎されるというスタンスが守られている。

　ペルソナを導入することのメリットとしては、次の３点が挙げられる。

①超富裕層の実態が把握しやすくなる。超富裕層と言えば、アラブの大富豪やシリコンバレーの成功者のような固定観念を抱く人は多い。それに対して、カリフォルニア州観光局のようにリサーチに基づいて具体的な人物像を掲げ、ペルソナとして公開することによって、州内のビジネス・パートナーや地域住民の理解を促進することができる。

②広告代理店やPR会社も含めて社内外でペルソナを共有することで、ターゲットに向けたブレのないマーケティングを確実に実行することが可能になる。結果的に、メッセージの一貫性が担保される。

③地域ビジネスや地域住民の理解が得やすくなる。昨今のオーバーツーリズムが招いている問題には、地域ビジネスや地域住民との軋轢に起因するものが多い。それに対して、あらかじめペルソナを共有することで、一定の準備や心構えを持つきっかけとなる。

　なお、この「ゴールデン・ステイト・オブ・ラグジュアリー」の取り組みは、英国政府観光庁の報告書「超富裕層マーケティングとブランド戦略」の

中で、超富裕層向けブランド戦略として最も成功を収めている DMO の先駆的事例として紹介されている。

4 「センサリー・マーケティング」における ブランド・ツールキット

　世界各国の DMO では、国際観光展示場や消費者向けのイベントなどでブースを構えて展示を行い、自らの国や地域をアピールすることが多い。それらのブースでは、地元料理の試食を提供したり、民族衣装を身にまとった現地の人が踊りを披露したりと、多種多様な展示が見られる。

　カリフォルニア州観光局では「イベントを通してブランドを構築する」という理念が掲げられている。そうしたイベントでは、人々の五感（視覚、聴覚、嗅覚、味覚、触覚）に働きかけて、カリフォルニア州の魅力を伝えていく「センサリー・マーケティング」が導入されている。「センサリー・マーケティング」に関しては、表2のようなブランド・ツールキットが示されている。

　なお、カリフォルニア州観光局ではイベントを専門で担当するスタッフを常駐させており、すべてのスタッフに対してこうしたセンサリー・マーケティングを含むイベントに関する研修を受講することが義務づけられている。以降では、感覚の分類に基づいて実際の取り組みを紹介していこう。

1) 視覚に働きかける取り組み

　カリフォルニア州の通称が「ゴールデン・ステイト」であることから、イベント会場では黄色がふんだんに使われている。スタッフのドレスコードに

表2　センサリー・マーケティングにおけるブランド・ツールキット

五感	ツールキット
視覚	カリフォルニア州を代表するあらかじめ特定された動画・映像
聴覚	カリフォルニア州を想起するあらかじめ特定された楽曲
嗅覚	山積みのカリフォルニア産のオレンジやレモンの香り
味覚	カリフォルニア産のワインとそれに合うドライフルーツ
触覚	ラグジュアリーを肌で感じる重厚感ある黄色い絨毯

も黄色を取り入れることが規定されており、男性には黄色を基調としたネクタイとピン・バッジと名札を、女性にはスカーフとアクセサリーと名札が配布されている。一方、ビジネス目的ではないイベントでは、黄色をベースにデザインされたTシャツが配布されることもある。

　また、イベント会場には大型スクリーンが設置され、カリフォルニア州の映像が継続的に流される。映像は、ロサンゼルス市やサンフランシスコ市の街並み、太平洋に面したビーチの風景、カリフォルニア・ワインなど、カリフォルニア州を想起させるものに限定されている。ここぞとばかりに知られていないような街並みや穴場スポットを見せたがるDMOも散見されるが、カリフォルニア州観光局では来場者が事前に抱くイメージと実態を結びつけることを重視している。

2）聴覚に働きかける取り組み

　ウェストコースト・ロックを輩出したカリフォルニア州では、音楽でストーリーを伝えていく取り組みも行われている。イベント会場では、映像と組み合わせて、来場者の年齢層に応じて、ママス＆パパスの「夢のカリフォルニア（California Dreamin'）」、イーグルスの「ホテル・カリフォルニア（Hotel California）」、アルバート・ハモンド「カリフォルニアの青い空（It never rains in Sothern California）」といった世界的にヒットした州にまつわる楽曲が流される。映像の場合と同じく、来場者にカリフォルニア州を想起させることが重要となるため、ターゲット層が耳にしたことがあるようなヒットソングが来場者の年齢層に応じて選曲されており、音楽が戦略的に使われている。このように音楽を活用することで消費者の行動に影響を与える活動を「ソニック・ブランディング」と言うが、スーパーマーケットのワイン売り場でフランスの音楽を流すことでフランス・ワインの売り上げが上昇したという研究結果も報告されている[*1]。

3）嗅覚に働きかける取り組み

　カリフォルニア州は、西に太平洋、東にシエラネバダ山脈を擁し、地中海性気候に近い温暖な気候下で、肥沃で広大な盆地を中心とした一大農業地帯が形成されている。こうした恵まれた環境からアーモンド、ピスタチオ、ブ

ドウ、オレンジ、レモンなどの農産物が生産され、世界に向けて輸出されている。イベント会場では、カリフォルニア産のオレンジやレモンが山積みでディスプレイされ、強い柑橘類の香りを放つ。超富裕層向けのマーケティングを実行する上では「オーセンティシティ（本物であること）」は重要なポイントであり、州には無関係な化学的な香りやアロマは使用されない。

4) 味覚に働きかける取り組み

　カリフォルニア・ワインとワイナリーは、特に富裕層を誘致する上で重要なコンテンツとして位置づけられている。富裕層の中には、気に入ったワインを個人輸入したり、投資目的で購入することもあり、将来的な拡がりが期待できるからだ。

　イベント会場では、ワイン輸入業者と連携を図りながら、軽食（アーモンド、ピスタチオ、干しブドウ）とともにカリフォルニア・ワインを試飲できる場が設けられ、カリフォルニア州を疑似体験することができる。また、ホテルやパーティー会場で食事を提供する場合には、原則としてカリフォルニア産の食材を使用することとされている。加えて、カリフォルニア料理を美しくプレゼンテーションするために、自然光を十分に取り入れることができる場所で料理を提供することも意識されている。こうした料理の提供方法にも、カリフォルニア州の燦々と降り注ぐ太陽のイメージとオーセンティシティを演出する試みが見られる。

5) 触覚に働きかける取り組み

　イベント会場には、上質で重厚感のある黄色い絨毯が敷かれ、他にはないラグジュアリー感を出すことで独自性をアピールしている。イベント会場で絨毯を使用することは費用がかさむことから、敬遠されることが多い。それに対して、カリフォルニア州観光局では、他のデスティネーションとの差別化を図ることを意図して投資が行われている。

5　アメリカの DMO に見るブランド・ツールキットの役割

　以上、カリフォルニア州観光局による３つのブランド・ツールキットを

紹介したが、こうしたブランド・ツールキットを作成する取り組みは、カリフォルニア州観光局に限らず、アメリカの多くの DMO で重視されており、積極的に実施されている。その役割としては、以下の3点が挙げられる。

1）関係者間の共通言語としての役割

アメリカの DMO では、海外業務を外部委託しているケースが多い。「餅は餅屋」と言われるように、各国の消費者や旅行業を含めた流通の仕組みを熟知した専門会社に実行部隊の役割を任せることは、DMO のスタッフを海外に送り込み、ゼロから新たな市場を開拓していくことに比べると、はるかに効率的・効果的だと言える。

カリフォルニア州観光局では、カナダ、メキシコ、中国、オーストラリア、イギリス、日本など世界に13の支社を構えているが、それぞれの国で価値観や考え方が異なる。そのようななかでブランディングやマーケティングを実施していく際に、ブランド・ツールキットがすべての関係者をつなぐ共通言語として重要な役割を果たしている。

2）マーケティング活動を効率化させる役割

ブランド・ツールキットは、ビジネス・パートナーやステークホルダーなどに対するマーケティング活動においても重要な役割を果たしている。カリフォルニア州観光局では、「アウトルック・フォーラム」というイベントを毎年開催しているが、地方分散に配慮して開催都市を毎回変えている。

そのイベントには、州内の DMO、テーマパーク、ホテル、レンタカー会社など多種多様なビジネス・パートナーが一堂に会するため、そこでの活動報告はシンプルでクリアであることが求められる。ブランド戦略の枠組みの中で具体的に何を実施してきたのか、どのような結果が得られたのかを数字を示した上で、次年度は何を試みるのかについて、動画とともに明確にプレゼンテーションすることが徹底されている。プレゼンテーションは2時間程度で簡潔にまとめられており、来場者を飽きさせることなく聞いてもらう配慮もなされている。

DMO にとっては、ビジネス・パートナーに連携を継続したいと思わせること、ステークホルダーにブランド・プロミスが実現するように応援し続け

たいと思わせることが何よりも重要であり、そのようなプレゼンテーションを実施していく上でブランド・ツールキットが活用されている。

3) 社内スタッフ間の共通言語としての役割

　カリフォルニア州観光局をはじめとしてアメリカのDMOでは、国籍、言語、宗教などの違いを超えて様々なスタッフが働いている。そうしたグローバルな組織では、自分の意思を言葉や態度ではっきりと相手に示すことが求められるが、その際にはその場の感情ではなく理論的背景を踏まえてきちんと説得しなければ正確に伝わらないこともある。それゆえ、誰に対してもわかりやすく伝えることがまずは優先される。そこではブランド・ツールキットが意思疎通の基盤としての役割を果たし、社内の共通言語として有効に活用されている。

　「ブランド・ツールキットの作成は建物の基礎工事を行うようなものである」とUNWTOが述べているように、DMOにとってブランド・ツールキットはあらゆる活動の基礎となるものであり、アウトプットの一貫性を担保していくためには必要不可欠なものである。国籍や言語が異なる人々がひしめく欧米では、DMOをはじめとしてツーリズム・ビジネスには多種多様な人が仕事に従事している。だからこそ、誰にもわかりやすいツールキットが力を発揮する。

　今後グローバル化がさらに進展していく状況下では、日本のDMOにおいても、海外に向けた取り組みが増加していくことが見込まれる。また、組織内部でも、国籍や言語などの違いを超えた多様な人材が増えることもありうる。そうした際に対応できるように、誰が見てもわかりやすいブランド・ツールキットを準備しておくことは、DMOにとって非常に重要な取り組みと位置づけられる。

（宮崎裕二）

注
＊1　K.Dinnie（2016）*Nation Branding: Concepts, Issues, Practice*, Routledge, p.251

アメリカ・ハワイ州

観光客と住民の満足度を高める
DMO と DMC の連携

　アメリカの観光に関する研究の中には「民間企業主導のインバウンド振興体制がとられている」[*1] といった指摘も散見されるが、ハワイもその例外ではなく、JTB、HIS、ジャルパックに代表される DMC（Destination Management Company）がマーケットを牽引してきた。これらの DMC は、ある時期、DMO としてのハワイ州観光局とは別に独自の動きをしてきたと言える。両者が互いに連携し、協力体制をとるようになったきっかけは 2008 年にさかのぼり、最盛期に 221 万 6 千人だった日本人観光客が 116 万 8 千人にまで落ち込み、100 万人割れが目前まで迫ったことがその背景にある。それ以降のハワイの快進撃は、DMO と DMC の協力の賜物だと言える。

　したがって、ハワイのブランディングの全容を理解するには、DMO と DMC 両者の取り組みを見ていく必要がある。

1　ハワイ州観光局による取り組み

1　ホテル税による自主財源の確保

　取り組みが成功している DMO に共通しているのは、ツェルマット市（スイス）やナパ市（アメリカ・カリフォルニア州）のように自主財源を持ち、自走できている点である。それほどまでに自主財源の存在は極めて重大だが、ハワイ州観光局ではホテル税が自主財源に相当する。

表1　ホテル税の税収の配分（2017年）

予算名	配分額
一般予算	2億2930万ドル（約252億円）
市郡庁予算	1億300万ドル（約113億円）
ハワイ州観光局予算	8200万ドル（約90億円）
コンベンションセンター予算	2650万ドル（約29億円）
環境安全保安局予算	300万ドル（約3.3億円）
タートルベイ保全地役権予算	150万ドル（約1.6億円）
ホテル税収合計	4億4580万ドル（約490億円）

（出典：ハワイ州観光局資料をもとに作成）

　1998年、ホテル税を6％を7.25％に増率することと合わせて、Hawaii Convention Visitors Bureau（HCVB）が政府観光局（HTA）に変わり、DMOとしてハワイの観光を主導していくこととなった、このホテル税の増率が主要なホテルから提案されたことが1つの驚きである。ホテル税の増率は、マーケットにおいてはマイナスの要素であり、マーケットの伸びに冷や水をかける要素にもなりかねない危険をはらんでいた。だが、結果的にその英断は吉と出ることとなった。

　表1に示すように、2017年のホテル税の税収は、全体で4億4500万ドル（約490億円）であり、そのうち8200万ドル（約90億円）がハワイ州観光局に、2650万ドル（約29億円）がコンベンションセンターの運営に充てられている。

　なお、ハワイ州観光局では、州や市から観光に関する予算補助は得てない。それどころか、ホテル税の約半分を行政に上納している。まさに組織として自走していると言える。

2　住民幸福度を重視
　ハワイ州観光局は独自のKPI（目標数値）を持っているが、なかでも重

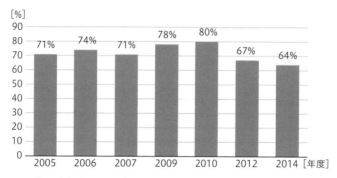

図1　住民幸福度の推移（2005 ～ 2014 年度）
(出典：ハワイ州観光局資料をもとに作成)

視されているのが「住民幸福度（resident sentiment)」である。調査では、住民に対して「観光がもたらしている害よりも良いことの方が多いですか?」という設問に回答してもらうが、2014 年の結果では 64％の住民が「イエス」と答えている（図 1)。ハワイ州観光局では、これを 2020 年までに 80％に上げることを目標に掲げている。

　このような住民幸福度に関する取り組みは住民の幸福が観光の質を向上させるという観光局の考えが反映されている。幸福を感じている住民には積極的に観光に関与していく姿勢が生まれ、観光客に対する「歓迎の意」が育まれることになり、この「歓迎の意」が観光客の印象を大きく変えることにつながる。ハワイらしい取り組みの 1 つだと言える。

3　取扱人数より取扱額を重視

　ハワイ州観光局の KPI に関する取り組みでもう一つ注目すべきものが、取扱人数から取扱額へと重点をシフトさせていることである。取扱人数を伸ばそうとすると安売りの罠に落ち込んでしまい、負のスパイラルから抜けられなくなるという状況に陥りやすくなる。その点で、この取り組みの裏側にはそれを回避しようとする観光局の狙いがうかがえる。

　実際、JTB 総合研究所の 2018 年の調査結果を見てみると、旅行先をハワイに決めた理由として「旅行代金が安かった」ことを挙げた人の割合は 5％

にとどまっており、その他の旅行先の平均の 16.1％に比べてはるかに低い。この数字からも、安売りをして来訪者を増やす必要はないことがうかがえる。

　一方、取扱額を伸ばすことに関しては、「滞在の長期化」「高級化」「これまでにない新しい価値の創造」などのように打つ手は多い。その一手として考案され、今や強力なブランドになったのが「ハワイの朝」で、「ダイヤモンドヘッドと朝食」のオプショナル・ツアーはここ数年で好評を博している。朝6時、ダイヤモンドヘッドの開門を待ち、その頂上で新鮮な朝の空気を満喫し、渚のホテルで食べる朝食は格別だ。

　こうした日頃のストレスを忘れさせてくれるハワイの朝は、究極の非日常とも言える。こうしたハワイでしか味わえない体験が、観光客の再訪を促す大きな要因の1つになっている。

4　コミュニケーション＆アウトリーチ部署の設置

　ハワイ州観光局では、「ハワイにとって観光が大切である」というメッセージを機会あるごとに発信しているが、そうした取り組みを担っているのが「コミュニケーション＆アウトリーチ」の部署である。組織の中では、「マーケティングプログラム」や「ツーリズムリサーチ」と同列の部署として扱われており、メッセージの発信が重視されていることがうかがえる。

　この部署ではターゲットに向けた外部への広報活動だけでなく、住民にアウトリーチする内部への広報も行っている。先述の「住民幸福度」に関する理解促進の取り組みを実施しているのもこの部署になる。このような組織のあり方からも、住民の歓迎の意を育むことに力を入れていこうという観光局の姿勢が見てとれる。

2　DMC・民間による取り組み

1　閑散期を底上げするイベント

　国際的な観光地であるハワイであっても、季節波動は避けられない。各地域からくる観光客ごとに独自の波動パターンはあるが、地域ごとで劣勢の月

の底上げに取り組まなければ、全体の大きな目標達成には至らない。それゆえ、通年で賑わいがあることが観光地には大切だ。

　筆者が勤務していた日系旅行会社では、多数の芸能人も来訪するピーク時の12月末～正月、春休み期間中の3～4月上旬、ゴールデンウィークの4月下旬～5月上旬、夏休みの7～8月、行楽シーズンの10～11月、年末年始の12月末～1月6日が繁忙期で、それ以外の2月・4月中旬・6月・9月・12月上旬が閑散期であった。そうした閑散期に観光客を呼び込むために打ち出した企画の1つが、オフィスレディー向けに安めの価格帯を設定した商品だったが、現在では人気のエステの予約を確保するのに苦労するほどの盛況ぶりとなっている。ほかにも、ゴールデンウィーク明けの時期を狙ってシニア向けのツアーを企画し、新聞広告を利用して集客を行ったり、北海道・東北の農閑期に着目して農業従事者向け団体ツアーを企画したりと、知恵を絞って様々な仕掛けを実施した。

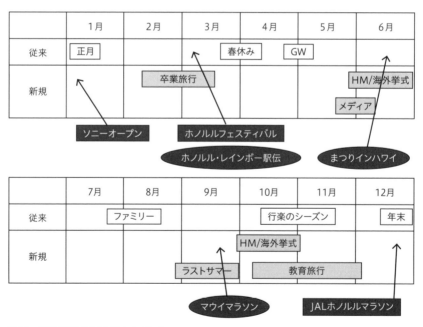

図2　閑散期を底上げするイベント

そうした個別のツアー企画に加えて、奏功しているもう 1 つの取り組みが、閑散期に楔のようにイベント差し込む方法だ（図2）。

　1 月にはソニーオープンという国際的なゴルフトーナメントが行われる。続いて 3 月上旬にはホノルルフェスティバルというイベントが 4 日間にわたり開催。ステージでは環太平洋の国々から来た人々がフラダンスやよさこいソーランなどの芸を披露する。さらに、2013 年からはホノルル・レインボー駅伝も同時開催され、今では「市民の運動会」と呼ばれるほどホノルル市民にも愛されるイベントに成長している。また、6 月には近畿日本ツーリスト社主催の「まつりインハワイ」、9 月にはマウイマラソンが行われる。

　そして、1 年を締めくくる一大イベントが JAL ホノルルマラソンである。2019 年で 47 回を迎えたが、第 3 回目まで日本人の参加はなかった。その後、日本航空がスポンサーになったこともあり、今では 1 万 2 千人に上る日本人が参加するイベントにまで成長している。

　これらのイベントは、観光客の来ない閑散期に開催されており、まさに閑散期の底上げを意図して企画されている。

2　観光客の不満の解消から生まれたトロリー

　今ではハワイの観光客の足として定着しているトロリーは、観光客の不満を解消するために DMC による取り組みから生み出されたものである。

　トロリーの導入以前と言えば、移動用のバスはツアーごとに各 1 台ずつ手配されるのが一般的だった。そのため、早めに入国審査を終えた人であっても、同じバスに乗車する参加者全員が揃うのを待たねばならなかった。また、バスに乗る参加者は同一行動をとらなければならず、各自が行きたい店や観光スポットに自由に行くこともできなかった。こうした状況が観光客の間で大きな不満のタネになっていた。

　そのような観光客の不満を解消するべく JTB ハワイで導入されたのが、「オリオリシステム」である（オリオリはハワイ語で楽しいの意味）。空港からシャトルバスを 15 〜 20 分間隔を運行させることで、観光客は好きなバスでアラモアナセンター（ハワイ最大のショッピングモール）へ向かうこと

ができ、さらにはセンター内にあるオリオリステーション・アラモアナという中継地点でオプショナル・ツアーなどの旅の相談ができるというシステムだ。加えて、アラモアナセンターからワイキキのホテルとの間を巡回するトロリーを10分間隔で走らせた。

朝の便が多いホノルルではオリオリステーションが混み合うこともあるが、その場合にも近くで食事や買い物を楽しむことができ、時間を有効に使えることで、観光客はストレスを感じることがない。また、空港で預けた荷物は別便でホテルに送られるため、手ぶらで買い物もできる。タクシーや市バスに比べて気軽に使えるトロリーは、シニア層にも好評で、観光客の自由度を飛躍的に向上させることとなった。

一方、横に広いワイキキでは、中心部にあるホテルに宿泊する観光客が多く、中心部から離れたホテルは魅力的でも不便という理由から敬遠されがちだった。ところが、このトロリーが運行するようになってからは、そうしたホテルに宿泊する観光客が急増するようになった。これにより、ホテル側からもトロリーは大いに感謝され、その重要性がさらに増したことは言うまでもない。

このようにDMCである旅行会社が観光客の自由度を確保するために独自で移動手段を考案したことは、特筆すべき取り組みだと言えよう。このトロリーに代表されるように、ハワイでは観光客の不満の解消に焦点を当てた取り組みを重ねていくことで、エッジのきいたブランド構築に磨きをかけてきた。その進化は今もとどまるところを知らない。こうした地道な取り組みがハワイの驚異的なリピーター率を維持してきた原動力にもなっているのだ。

3　海外挙式の地としてのブランドの構築

ハワイは、海外挙式の地としては他の地域の追随を許さないブランド力を持ち、首位の座を維持している。

取り組みスタート時には一部の教会が協力してくれたものの、すぐに足りなくなる事態に陥った。そのような状況に対して、ワタベウェディングやグロリアブライダルなどの海外挙式会社が現れ、花嫁受けする美しいチャペル

が次々建てられることとなった。こうした動きがブランドの構築を強力に後押しし、挙式数は飛躍的に伸びた。

この流れを察知したハワイ州観光局でもこのトレンドを強力に押し進め、主要都市でウェディングフェアを継続的に実施しはじめた。今では、海外挙式予備軍の女性やその母親に向けて、ハワイで挙式したいと思ってもらえるようなイメージ戦略にも積極的に取り組んでいる。

また、最近は挙式を目的とせずにハワイに来る新婚カップルも増えてきているが、花嫁としてはやはり記念の写真は撮っておきたいし、ウェディングドレスも着てみたいと思っているものである。そこで、挙式はしなくても現地でウェディングドレスを着て記念写真を撮るサービスが好評を博している。街なかや渚で写真を撮る姿、ウェディングドレスで白いリムジンに乗り降りする光景は、ハワイの海外挙式ブランドづくりにも貢献している。

4 島の歴史と特色を踏まえたブランディング

ハワイは8島と100以上の小島からなるが、観光の対象として主要な島はオワフ島、マウイ島、ハワイ島、カウアイ島、ラナイ島である。各島々では、天災や時代の変化で大変な苦境に立たされながらも、新たなブランドを構築し見事に立ち直ってきた歴史がある。まさに不死鳥のような底力を持った島々である。

かつては捕鯨の基地でもあったマウイ島には、1月から3月にかけて出産を控えたクジラがアラスカからやってくる。そこに目をつけたマウイ島では、ホエールウォッチングを観光の目玉に据えた。ザトウクジラが勇壮にジャンプする姿は人気を呼び、今ではホエールウォッチングの名所として知られている。

一方、ハワイ島では、火山の噴火により溶岩で覆われた荒地の扱いに困っていた時期がある。そこで、島の人々は、溶岩の上に砂を敷きつめ、芝を植えてゴルフ場をつくり、それに合わせてメガリゾートホテルを次々と建設していった。その代表とも言えるヒルトン・ワイコロア・ビレッジは、総面積25万m^2（東京ドーム7個分）の敷地内に3つの客室タワーがそびえる。

こうして、ハワイ島はメガリゾートの島という顔を持つようになった。

　また、カウアイ島ではシダの洞窟が有名で、挙式スポットとしても人気を集めていた。しかしながら、1992年に台風がこの島を襲い、シダが壊滅状態になってしまう。現在はかなり復旧しているが、その回復にはかなりの時間を要した。その回復までの間、島では新たな魅力を発掘し、今ではロケーションツーリズムの聖地としても名を馳せ、「太平洋のハリウッド」と呼ばれるほどにまで確固たるブランドになっている。壮大な山々をバックに「ジュラシック・パーク」や「パイレーツ・オブ・カリビアン」といった作品が撮影されており、ロケ地巡りのオプショナル・ツアーも組まれている。

　かつては「パイナップルアイランド」と呼ばれ、全世界のパイナップルの20％を生産していたラナイ島は、今ではセレブの島として知られる。超高級なフォーシーズンズホテルを招致し、ジャック・ニクラウス設計の名門ゴルフ場もつくられた。そのイメージが決定づけられたのは、1994年、ビル・ゲイツが島内のホテルを貸し切って挙式したことである。それにより評判はさらに広がり、セレブ憧れの島としての地位を築き上げた。

　このようにハワイ各島では、それぞれの歴史と特色を踏まえたブランディングにより個性的なブランドが構築されており、観光客を惹きつけている。

（辻野啓一）

注
＊1　島川崇編著（2006）『ソフトパワー時代の外国人観光客誘致』同友館

アメリカ・フロリダ州オレンジ郡

テーマパーク都市から進化する
プレイス・ブランディング

アメリカ・フロリダ州に位置するオレンジ郡では、観光産業を地域の基幹産業に据え、長期にわたり地道にブランドを構築してきた。その結果、現在ではニューヨーク市やロサンゼルス市を超え、全米で最多の7500万人の観光客が訪れる地域に成長を遂げている。郡庁所在地のオーランド市にあるセントラルフロリダ大学で教鞭をとるデスティネーション・ブランディングの専門家アラン・フィオール教授は、「オレンジ郡はデスティネーション・ブランディングと、それ以外の投資や移民のためのプレイス・ブランディングを、バランスよく成立させ、両方の存在感を引き立たせている世界的にも稀に見るプレイス・ブランディング成功例」と指摘している[*1]。

1960年代、ロッキード・マーチン社の軍需産業と柑橘の生産を主要産業とする湿地帯だったオレンジ郡には、1971年のウォルト・ディズニー・ワールドの開業がきっかけとなり、現在ではシーワールド、ユニバーサル・スタジオ、レゴランドをはじめとして合計100以上のアトラクションが参入している。地域によっては同様のアトラクションを競合と捉えて他都市への誘致を促すところも見られるが、オレンジ郡では拒絶することなく複数のテーマパークを受け入れることでこの地域はテーマパークのクラスターとなった。

通常では難しいテーマパークという特殊な産業を受け入れたオーランド市では、域内転職の機会が生まれたことで、技術、マーケティング、新しいアイデア、サービスのクオリティといった面で交流と切磋琢磨が促進され、その相乗効果が新たな観光客を惹きつけている。また、もともと主要産業だっ

た軍需産業は IT などの最新技術産業へと発展し、テーマパークのアトラクション開発へも貢献することになった。その結果として、セントラルフロリダ大学のホスピタリティ・マネジメント学部と科学技術学部には数多くの学生が世界中から集まっている。

ディズニーなどの大きな資本が来れば観光開発は容易で、それだけで地域の発展は成功すると考える人が多いかもしれないが、実際にはテーマパークは工場誘致とはまったく異質のものである。それは、長崎のハウステンボス、東京のディズニー・リゾート、大阪のユニバーサル・スタジオが地域に副次的な何かをもたらしたかを見てもわかるだろう。本節では、オレンジ郡が大きな投資に甘んじることなく、この 50 年間で観光産業に対して何をコミットし、どのような取り組みを実施してきたのかを紹介する。

1　オレンジ郡の観光を取り巻く現状

フロリダ州の中心部、セントラルフロリダに位置するオレンジ郡は総面積約 2598m^2 で、日本の佐賀県より少し大きい。観光のマーケティング業務は観光局の「Visit Orlando」(以後「オーランド観光局」と表記) が担当している。彼らのミッションは「世界で最高人数の訪問者数を目指す」である。

オーランド観光局は約 1200 の観光関連企業で構成されており、メンバー企業の従業員の数によって年会費が決められている。集められた年会費(2019 年度は約 3 億 5 千万円) は、観光局の主要な運営資金の一部に充てられており、メンバーに対して、業界のニュースや調査報告書をはじめとする様々な情報提供サービスや各種イベントを行っている。2018 年には、メンバー向けに 37 件のイベントを開催し、7000 名以上の参加があったという。こうしたサービスやイベントを通してメンバーの満足度を高めることは、ブランディングを円滑に進めていく上で重要な取り組みである。

以下、オレンジ郡の観光に関する各種データを紹介する。
・入場者数トップ 10 のテーマパークのうち 6 つのテーマパークが存在
・2018 年度の訪問者数：7500 万人 (全米 1 位、対前年比 4.2% 増)

- 2018 年度の域内経済効果：752 億ドル（約 8 兆 2720 億円）
- 2018 年度の雇用創出：46 万 3000 職
- 2019 年の観光開発税：2 億 8399 万ドル（約 300 億円）
- 2019 年の域内インフラ投資額：150 億ドル（約 1 兆 6500 億円）
- 総客室数：12 万 2569 室（全米 2 位）
- 4 万 5000 軒以上のバケーションホームレンタル（世界 1 位）
- コンベンションセンターの総面積：210 万平方フィート（約 18.5 万 m²／全米 2 位／6 億 5 百万ドル（約 605 億円）を投資し、2023 年までに 350 万平方フィートに拡張予定）
- 2019 年にオレンジ郡コンベンションセンターで開催されたミーティング・コンベンションは 170 件（全米 2 位）、参加者 150 万人、経済効果 30 億ドル（約 3300 億円）
- 2019 年に郡内のコンベンションホテル（総客室数 300 室以上、1800m²以上）で開催されたミーティング・コンベンションには 590 万人が参加
- 医療関連のコンベンション・展示会数で全米 2 位（全米の全医療関連イベントの 40％）
- 全米 5 位の国外観光客数
- 世界 No.1 ファミリー・デスティネーションに選出
- 100 以上のテーマパーク・アトラクション
- ショッピング・デスティネーションとして全米 5 位
- ポートカナベラル港（オーランド市中心部から 1 時間）のクルーズ利用者数が世界 2 位（年間利用人数 480 万人（2019 年）／25 億ドル（約 2500 億円）の投資で拡張中）

2　オレンジ郡のブランド戦略

1　ICON モデルとは

　プレイス・ブランディングの世界的権威として知られるキース・ディニー氏は、長期にわたる研究の成果として、「ICON モデル」というプレイス・ブ

ランド戦略の開発と実装のためのフレームワークを考案している（図1)*2。
特徴としては、以下の4点が挙げられる。
- ・学術的というよりは政策を決定する実務者向けであること
- ・国、地域、都市、パブリックデプロマシー、ソフト・パワー、観光とあらゆるレベルのブランディングに対して、またブランド戦略のあらゆる段階で適用可能なフレームワークであること
- ・監査のためでなく新たな視野が得られるように設計されている点で未来に開かれたフレームワークであること
- ・突発的な出来事で政府の政策や方向性が変更されたり、組織の変更でリーダーが変わった場合でも当てはまること

ICONモデルは、以下の4つの要素で構成されている。

①I（Integrated ／統合されていること）：ベストな戦略で結果を出すための官民共同の一環したアプローチ。民間には専門性があり、政府が有さないものがあるため、意識共有し、策定することが求められる。

図1　キース・ディニー氏の ICON モデル

② C（Contextualized ／文脈を考慮）：ステークホルダーのニーズとキャパシティの両方に対応し、ターゲットとする顧客が感じる価値にも一致させる必要がある。

③ O（Organic ／有機的）：自然発生していることを現場で見極める。知らないうちにプレイス・ブランディングができることもあるが、偶発的な状況に任せたままにすることは危険である。うまくいっている場合には自然の流れに一任してもよいが、悪い方向に向かっている場合には危機管理の対応を行う。デジタル時代では、厳密に管理されたマスタープランに従って進めることが困難で、外的な影響を受ける可能性が高い。

④ N（New ／新しさ）：目新しさがあるか。目を引くような興味深いことが必要である。目新しさによって生み出された革新的な製品やサービス、経験を、プレイスに関連する新たなストーリーとしてメディアなどを利用して伝える。

　ICON モデルは極めてシンプルであるため、初めてデスティネーション・マネジメントに関わる人にとっては漠然と見えるかもしれないが、筆者がこれまでに関わったデスティネーションや競合デスティネーションのブランディングを鑑みると、最終的にはこの4つの要素を常にうまく将来に向けて前向きにマネジメントしているデスティネーションが着実に成長している。以降では、この ICON モデルに基づいてオレンジ郡のブランド戦略を見ていこう。

2　要素 I から見たブランド戦略

　ディズニーがカリフォルニア州のディズニーランドに次ぐ2番目のプロジェクトとしてオレンジ郡を選択した理由の一つとして、フロリダ州政府がディズニーに自治権を渡す約束したことが挙げられる。そもそも創始者のウォルト・ディズニーは、単なるテーマパークではなく、未来都市の建設を構想していたため、州や郡の規則の枠組み超えた自治権が必要であった。しかしながら、ウォルトはオーランド市での新事業を発表した翌年に亡くなり、加えて資金的な理由から当初の構想は断念され、カリフォルニア州のディズニーランド

と同様のテーマパークを開業することとなる。そして、1971年に「マジックキングダム」がオープン。その翌年には、バドワイザーを製造するアンハイザー・ブッシュ社が海洋動物をテーマにした「シーワールド」を開業した。

　もともとフロリダ州は、ニューヨーク市やボストン市などに居住する富裕層の避寒地であったことに加えて、テーマパークが開業してからは学校の休暇に合わせて家族旅行層が急増し、シーズンに偏りのあるデスティネーションであった。

　一方、1977年、フロリダ州で観光客開発税（Tourist Development Tax）の導入に関する法案が可決され、使途・目的に関して住民投票にて承認を得ることを条件にこの地方特別税を導入することが可能となった。翌年、それを受けて、①閑散期に来訪する可能性のある新規客層の開拓、②新規客層のニーズを満たす観光商品・施設の開発の2つの目的のために「コンベンションセンターとアリーナの建設」が住民投票で可決され、税率2％の観光開発税が導入されることとなる[*3]。

　さらに、当時シカゴ市およびサンフランシスコ市で実施されることが主流であったミーティング＆コンベンションを、オーランド市へ誘致する取り組みが進められた。そこで、オレンジ郡はホテル業界から積極的に人を雇い入れ、コンベンションセンターが開業した1983年には129のイベントを開催、合計で34万2982人の参加者を集めている。その2年後の1985年には、コンベンションセンターの拡張計画を発表した。

　一方、DMOとなるオーランド観光局は、その前年に当たる1984年に、先述の観光客開発税を運営資金に充てて民営の非営利団体として活動を発足しており、オレンジ郡と契約を結ぶ形で現在に至っている。オレンジ郡では、これにより民間と連携して観光政策を進めていくことが可能となった。

　このようにフロリダ州が「ディズニーと言えども民間企業の稀に見る要望を受け入れたこと」、また「観光客開発税の使途決定を住民投票に委ねたこと」、そして「オレンジ郡が民間と連携したこと」が、オレンジ郡の取り組みを成功に導いた大きな要因として挙げられる。どのようなデスティネーションであっても、特に観光産業の立ち上げの初動期においては、政府と民間の役

割を整理した上で互いに尊重した形で任務を遂行していくことが求められる。

3　要素Cから見たブランド戦略

　文脈を読むことは、DMOに求められる重要な姿勢であり、ブランディングの成否を大きく左右するものと位置づけられる。

　オレンジ郡の各テーマパークではそれぞれに囲い込みの戦略を有しているため、その垣根を超えてマーケティングやセールプロモーションを共同で打ち出すことはなかなか難しい。例えば、ディズニー・ワールドでは、5泊6日の滞在であれば6日分のチケットを事前に販売したり、空港へのバス送迎や搭乗手続きの代行サービスを実施することで囲い込みを行っている。それに追随する形で、ユニバーサル・スタジオでもハリー・ポッターの大ヒットに絡めて様々な囲い込み戦略に取り組んでいる。

　それに対して、オーランド観光局では、インフォメーションセンターやウェブサイト上で情報提供や各種チケットの販売を行っており、消費者および業界メンバーの双方に対して公平な立場を保っている。また、ウェブサイトやパンフレット等への追加情報の掲載を希望する場合には、広告料金を徴収することで公平性を保つ。そこでは、それぞれに訪問者を囲い込もうとしているテーマパークと無理に共同マーケティングを仕掛けるようなことは行われていない。すべてのメンバー企業に公平に利益が分配される。

　その一方で、オーランド観光局では、コンベンション＆ミーティング市場でブランドを確立するために、専門チームを結成することでメンバーをサポートしている。24名のオーランド市ベースのチームに加えて、ニューヨーク市、シカゴ市、ワシントンDCにも営業スタッフが配置されており、ミーティングやコンベンションのオーガナイザーから発注される見積もりや調査に関する対応、ホテルやテーマパークとの仲介、視察先の選定や紹介などの業務を行っている。

　オレンジ郡で開業しているテーマパークは年間を通して常に混雑しているわけではなく、閑散期がある。そこで、オーランド観光局では、ミーティング＆コンベンションの参加者に向けてテーマパークを活用したプライベートパー

ティーやスペシャルイベントの商品開発を促し、提案することも実施している。テーマパークを丸ごと貸し切れる商品で、普段なら待ち時間の長いアトラクションにも待つことなく乗ることができる。各種テーマパークを満喫できるバラエティ豊かなイベントは、参加者の楽しい思い出になると同時に、再訪するモチベーションにもつながることになる。また、アメリカではミーティングやコンベンションに家族が同行するケースも多く、同行する家族も楽しめるデスティネーションとしても好評を博している。このようなインパクトのある商品の提供は、競合デスティネーションとの差別化の面でも大きく貢献している。

　以下の6つのポイントをブランド・バリューとしてアピールするために、オーランド観光局各部署、ステークホルダーは活動している。

①関係づくりに適した環境：太陽が降り注ぎ、笑顔がこぼれる多くのアトラクションがあるオーランド市は、参加者がリラックスして、新たな関係を構築できる場所として評価されている

②価値ある価格：宿泊、食事、移動などに関して他の主要都市より比較的低価格である

③利便性：アメリカの主要都市から飛行機が乗り入れている

④クリエイティビティとイノベーション：豊かな想像力をもとにつくられたテーマパーク都市が提供するミーティング＆コンベンションプログラムでは、困難なビジネスの局面にもひらめきを与え、創造力を引き出し、モチベーションを高め、問題解決へと導く

⑤優れたサービス：就業人口の3分の1がホスピタリティ産業従事者であるという数字が示す通り、ホスピタリティ産業のメッカとして卓越したサービスを提供している

⑥ダイナミックなデスティネーション：日々進化し、何度来てもいつも新鮮である

　こうした一連の取り組みにより、オレンジ郡ではミーティング＆コンベンションに関する確固たるブランドを構築し、全米で有数の場所としての地位を築き上げている。その際、オーランド観光局では、それぞれに戦略が異なるステークホルダーに対してDMOとしてどのように振る舞うべきかを文脈

の中から常に読みとっていくことで、それを実現させたのである。

4　要素 O から見たブランド戦略

　地元の神社がいつの間にか恋愛成就のシンボルへブランド化し来訪者が増加したり、ウイルスやテロの影響で風評被害の影響を受けるといったことは、どのデスティネーションにも起こりうる状況として想定される。

　現在、オレンジ郡には 1990 年代には存在しなかったフォーシーズンズ、リッツ・カールトン、ウォルドルフ・アストリアといった高級ホテルやレストラン、高級ショッピングモールが続々と参入している。その背景には、コンベンションやミーティングに参加する役員や招待客からのニーズが高まったことが挙げられるが、こうした変化は、住民のクオリティ・オブ・ライフにも変化を与え、その結果、観光以外の企業誘致の増加につながっており、それに伴い国内からの移住者が増加した。また、セントラルフロリダ大学が全米 3 位の生徒数を誇るまでに成長し、なかでも科学技術学部とホスピタリティ・マネジメント学部が全米でも人気を集める学部へと生まれ変わっている。これらは地域に自然発生的に生まれた新たな環境であり、オレンジ郡のプレイス・ブランディングに有利に働く要因となっている。

　しかし、その一方で、著名なテーマパークが鎬を削りながら乱立しているオーランド市には、テーマパークのイメージしか持っていない消費者が多数存在している。こうした固定されたイメージは、有機的に生まれた負の部分とも捉えられる。

　そのような負の状況に対して、オーランド観光局では、テーマパークのイメージを超えるブランド・アイデンティの構築を目指して、「Orlando − Never Ending Story」というキャンペーンを 2015 年から 2 年間実施した。具体的な場所やアクティビティの紹介ではなく、デスティネーションと訪問者が感情的に結びつくことを目的とした人間の深層心理に注力したキャンペーンで、オーランド市で記憶に残る「ストーリー」を専用のウェブサイトや SNS 上で共有していくシステムが構築された。観光地としてのストーリーを訪問者に押し付けるのではなく、訪問者それぞれが見つけた自分のストー

リーを公開し、そのストーリーが新たな訪問者となりうる人々への刺激を与えるというシステムであった。

　キャンペーンの結果としては、他 DMO の SNS キャンペーンとは比較にならないほどの効果を上げており、これに伴ってオーランド観光局が運営するすべてのデジタルメディアの認知度が高まり、フォロー者数の増加にもつながっている。その結果、2015 年に 6600 万人だったオレンジ郡への訪問者数は 2017 年には 7200 万人と大幅に増加しており、その効果の大きさがうかがえる。

5　要素 N から見たブランド戦略

　要素 N に関する取り組みでは、DMO がリーダーシップを発揮することが求められる。

　その一例として挙げられるオーランド観光局の取り組みが、2020 年で 15 回目を迎える「オーランド・マジカルダイニング」というイベントである。オーランド観光局のメンバーの 30% 以上をレストラン産業が占めているため、オーランド観光局としては非常に重要なイベントと位置づけられる。8 月末から 9 月末までの約 40 日間にわたって開催され、毎年 100 以上のメンバーが参加する。各レストランは、一律 3 品のディナーコースを 35 ドル（約 3850 円）で提供し、そのうちの 1 ドル（約 110 円）がオーランド観光局へ徴収され、その合計額が地元団体へと寄付されるシステムとなっている。2018 年には、合計 25 万 1766 ドル（約 2800 万円）が郡内の知的障害者・ダウン症者の支援団体へ寄付された。

　当初このイベントは、夏休みのシーズンが終わり観光客が減少する時期にレストランへの需要を促すことを目的として始められたが、比較的料金の高いレストランをリーズナブルな価格で楽しめることから、地元住民からの人気が高まり、現在では住民への感謝の気持ちを表すイベントへと変化している。また、住民にとっても、普段観光客に利用されているレストランを体験できることは、地元の観光要素を知る絶好の機会にもなっている。

　オーランド観光局のメンバーにビジネス機会を与えると同時に、住民には

楽しみを提供しつつ、さらには地元団体への寄付も集めるという新たなストーリーを生み出し、すべてのステークホルダーにウィン・ウィンの関係性を構築している優れたイベントだと言えるだろう。

3　オーランド観光局のブランディングの成果

1　オーランド経済局との相乗効果

　デスティネーション・ブランディングの成功はオーランド経済局（Orlando Economic Development）の企業・住民誘致にも貢献し、相乗効果を生んだ。例えば、2005年に不動産業のTavistock社がオーランド市郊外に開発を始めた面積650エーカー（28km^2）のレイクナノは、ヘルスケアにフォーカスしたスマートシティで、起業家のためのイノベーションやインキュベーション施設とヘルスケアとライフサイエンスが協業することで技術革新を促進するという概念の下で設計された。セントラルフロリダ大学のメディカルスクールをはじめとして、バイオメディカル研究所、子供病院、退役軍人メディカルセンターに加え、ライフサイエンス企業が立地しており、Cisco社選定のsmart ＋ connected cityにも選ばれている。こうした取り組みが全米40％のメディカル関連のコンベンションを誘致し、医療関係の企業視察を促進している。

　また、オーランド経済局では、2014年に「Orlando, you don't know the half of it（オーランドはまだ半分しか理解されていない）」というスローガンを打ち出している。観光産業同様に、テーマパーク都市としての側面が強すぎるオーランドの、それ以外の部分を強調して紹介することで、企業と住民の誘致キャンペーンを強化し、現在もその活動は継続中である。こうして世界中から企業が誘致され、ホスピタリティ産業の他に科学技術関連でも発展が見られ、域内の人口はディズニーが参入する以前に比べて約4倍にまで増加している。

2　オレンジ郡の変化

　以上のようなオーランド観光局によるブランディングの取り組みにより、オレンジ郡には次のような変化が現れている。

- 人口が急増している（約 26 万人(1960 年)→約 34 万人(1970 年)→約 47 万人(1980 年)→約 68 万人(1990 年)→約 90 万人(2000 年)→約 115 万人(2010 年)→約 142 万人(2020 年)）。1 週間に 1500 人増加。平均年齢 36.9 歳、人口の 50%が 13 歳から 30 代後半
- 世界 20 カ国から 150 の企業を誘致
- 「フォーチュン 1000」（収益をもとにフォーチュン誌が発表している全米上位 1000 社）のうち 20 社がオレンジ郡近郊に本社を構える
- 2000 年時より GDP が 2 倍に増加
- 2014 年から 2018 年にかけて 4 年連続で雇用創出が増加
- 就職率が州内 1 位、全米で 18 位（2020 年）
- 「フォーブスベストプレイス 2020」に選出

　現在のオレンジ郡は、ウォルト・ディズニーが構想していた未来都市に近づいているようにも思える。彼が夢見たのは、最新の技術、住民、雇用の機会、観光客などが融和した便利なまちであった。そして、こうした観光誘客のみならず、他の分野や地域住民への波及が、まさに「プレイス・ブランディング」実践の証しとなっている。

　日本で観光を基盤に地方創生を目指している DMO にとって、ここに紹介したオレンジ郡のプレイス・ブランディングの活動は少なからずヒントを与えてくれるはずだ。まずは「最終的にどのようなプレイスになりたいか」を官と民が一緒に考え、現実的な規模を設定する。それを踏まえてミッション・ビジョン・ストラテジーを作成し、ICON モデルを活用して取り組みを進めていく。このステップを長期にわたり着実に積み重ねていくことが、確かなブランド構築につながるのである。

（山本さとみ）

注
*1　S. Pike（2015）*Destination Marketing: Essentials*, Routledge
*2　K. Dinnie（2008）*Nation Branding*, Routledge
*3　原忠之（2013）「ホスピタリティ産業公共インフラ整備のための特別地方税制度の考察と日本への導入戦略について：米国フロリダ州オレンジ郡における事例検証より」『プロジェクト研究』第 9 号、早稲田大学総合研究機構

岐阜県

昔から続く営みをブランディングする
「飛騨・美濃じまん海外戦略プロジェクト」

　岐阜県の海外に向けたプレイス・ブランディングは、第一歩を踏み出したところであり、まだ成功と言える段階ではない。しかし、これまで成果を出してきた岐阜県の取り組みには、プレイス・ブランディングの考え方が随所に取り入れられており、その導入に対しても特に抵抗が生じることなく、スムーズに進められている。その点で、全国の地方自治体やDMOでプレイス・ブランディングを導入していく上で参考になることもあるかと思われる。

1　プレイス・ブランディングの考え方を導入した　海外戦略

　日本の各地域で現在進められている取り組みでは、地域産品の開発や販路拡大を目的とした知名度向上の活動を「ブランディング」と称することが一般的である。それに対して、「プレイス・ブランディング」は「プレイス＝場所」をブランディングするという考え方に基づいており、ここでは地域産品などの「モノ」の要素だけでなく、「体験」「人」「歴史」などの要素も取り入れ、様々なコンテンツやプレイヤーが関わる取り組みが意図されている。
　事例1で紹介した通り、イギリスでは「グレート・キャンペーン」という国家レベルのキャンペーンを立ち上げ、「プレイス・ブランディング」により様々な成功を収めてきた。そこでは、省庁間を横断した取り組みを進めるための運営体制づくり、民間セクターとの協働などにチャレンジしながら、同国の資産・資源のブランド構築が低予算で実現され、幅広い分野で好

循環が生み出されている。

　一方、岐阜県では、2009年度より、「飛騨・美濃じまん海外戦略プロジェクト」と銘打ち、「岐阜ブランド」を海外へ発信していく取り組みを実施している。このプロジェクトでは、他の自治体に先駆けて、知事自らがセールスマンになり、経済発展が見込まれたアセアン諸国を皮切りに、2014年度からはヨーロッパ、2016年度からはアメリカでプロモーションを展開してきた。このプロジェクトでは「プレイス・ブランディング」の考え方が導入されており、1節で紹介したイギリスの「グレート・キャンペーン」に見られたような民間セクターとの協働による取り組みなども行われている。

　その最大の特徴は、「観光」「食（飛騨牛や鮎など）」「モノづくり（伝統工芸品など）」を"三位一体"でプロモーションしていることである（図1）。加えて、少ない予算の中で最大限の効果を発揮するために、県の部局の壁を

図1　「観光」「職」「モノづくり」を"三位一体"とするプロモーション

越えたプロモーション活動を実施している。

　それまで岐阜県では、観光は観光庁や日本政府観光局（JNTO）、食は農水省やJA全農（全国農業協同組合連合会）、モノは経産省や日本貿易振興機構（JETRO）といったように、それぞれの分野で国や政府系機関等のサポートを受けながら旅行博（観光）、フードフェア（食）、産業見本市（モノづくり）などに出展するなど個々の活動を展開していたが、10年以上前に、知事の号令のもと、「岐阜県」という"プレイス"を意識する手法を取り入れたのである。

　また、近年では、観光・食・モノづくりの分野のみならず、以下に挙げるような活動も積極的に実施している。

・全国で最も盛んと言われる地歌舞伎（地元の素人役者が演じる歌舞伎）等の文化の発信

・ユダヤ人を救った「日本のシンドラー」と呼ばれる岐阜県出身の杉原千畝を縁としたリトアニアとの国際交流活動

・ゲティスパーク（アメリカ南北戦争の激戦地）およびワーテルロー（ベルギー、ナポレオン戦争の激戦地）と連携協定を結び、関ケ原古戦場を「世界三大古戦場」として発信

・岐阜かかみがはら航空宇宙博物館とロシアのサンクトペテルブルク歴史博物館との連携協定に基づく取り組み

・世界農業遺産に認定された「清流長良川の鮎」（長良川システム）に関する発展途上国への技術支援

このように、様々な分野の活動に横串を刺すことで岐阜県を"プレイス"として総合的に発信していく取り組みを行っている。

　続いて、2つめの特徴として挙げられるのが、民間セクターとの協働である。同プロジェクトでは、観光・食・モノづくりを一体にしたプロモーションが徹底されている。そして、プロモーションが一過性のものにならないよう、岐阜県内の民間セクターと現地（開催国）の民間セクターとがしっかりと連携して取り組みを進めている。例えば、イベント実施後に約1カ月程度の期間にわたり、民間セクターからの資金提供も活用しながら、現地レスト

ランで飛騨牛メニューフェアを展開したり、セレクトショップでの岐阜県産品フェアを開催したりと、恒常的な取引につながるような活動が見られる。まさに、イギリスの「グレート・キャンペーン」に見られたような取り組みをここで実践しているのである。

　こうした「飛騨・美濃じまん海外戦略プロジェクト」の一連の活動により、岐阜県の外国人延べ宿泊者数は2018年時点で148万人、前年比52%増と全国トップの伸び率となっており、2011年時点の宿泊者数に比べると約11倍に増加している（図2）。さらに、宿泊者の国別のランキング（表1）を見ても、アセアン諸国のほとんどが全国10位前後、ヨーロッパ諸国についてもスペインの4位をはじめとして軒並み全国ベスト10に入るなど、大きな成果を上げていることが確認できる。

　また、食に関しては、岐阜県発祥の富有柿が、香港やタイなどを中心に順

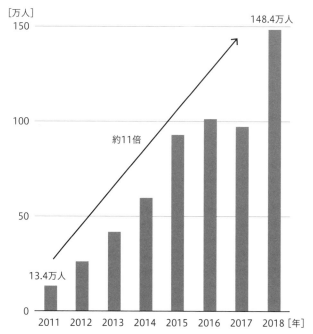

図2　2011〜18年における岐阜県の外国人延べ宿泊者数の推移
（出典：観光庁宿泊旅行統計をもとに作成）

表1　岐阜県の外国人宿泊者数の国別ランキング（2018 年）

順位	国・地域	宿泊者数	全国順位
1 位	中国	405,000 人	11 位
2 位	台湾	175,000 人	15 位
3 位	香港	110,000 人	11 位
4 位	タイ	68,400 人	8 位
5 位	韓国	48,900 人	22 位
6 位	オーストラリア	35,900 人	9 位
7 位	アメリカ	35,300 人	17 位
8 位	スペイン	27,800 人	4 位
9 位	イギリス	25,100 人	8 位
10 位	シンガポール	24,700 人	13 位

（出典：観光庁宿泊旅行統計をもとに作成）

調に販売を伸ばしている。ブランド牛である飛騨牛についても、香港、タイ、シンガポールなどのアジア諸国に加えて、ヨーロッパ、アメリカ、オーストラリアにも輸出され、2008 年から 2018 年かけての輸出量は約 200 倍と飛躍的に増加しており、現在では世界 12 カ国、47 店舗で販売されている。

2　海外に向けた地域産品のブランディング

　観光や食の分野が好調である一方、モノ（伝統工芸品）の輸出については、輸出費用や現地での売れ残りリスクなどの関係から販売価格が高価格帯となってしまうといった理由から、長期間にわたって成果がなかなか出にくい状況が続いた。幸いなことに、岐阜県には日本一を誇るレベルの美濃焼、関刃物、飛騨木工、美濃和紙などの“匠の技”が、数多く揃っている。しかしながら、付加価値の高い“匠の技”と言えども実際のプレイヤーは中小零細企業が多く、ほとんどの企業で自社の日本人デザイナーが日本人マーケット

に向けてデザインしているのが実情である。そのため、その製品の精巧さは伝わっても、外国人が欲しくなる形状や色合いではないことが、流通・販売につながらなかった大きな要因の1つであった。

　そこで、岐阜県では、2014年から"匠の技"を持つ県内企業に向けて、「デザイナー連携事業」を展開している。世界的に活躍する著名デザイナーの血を吹き込むことで、世界に通用する新商品を開発し、産地としての知名度向上を目指す地域産品のブランディング活動である。

　ルイ・ヴィトン社のハンモックなどのデザインを手がけたことで有名なスイスのデザイン会社「アトリエ・オイ」との連携では、美濃和紙で製作した照明やモビール、陶磁器のアロマディフューザー、飛騨の家具などを共同で開発している。また、世界中のプロダクト・デザイナーが集まる国際家具見本市「ミ

図3　ミラノ・サローネに出展された「CASA GIFU」（2016年）

図4　メゾン・エ・オブジェ・パリに出展された「GIFU COLLECTION」（2017年）

ラノ・サローネ」において、最も注目を集めるブレラ地区のギャラリーを借り切って「CASA GIFU（岐阜の家）」と題した展示会を 2016 年から 3 年連続で開催し、新商品を国際市場に向けて積極的に発信している（図 3）。

　さらに、世界的に有名なセレクトショップである「ザ・コンラン・ショップ」の創業者であるコンラン卿の長男セバスチャン・コンラン氏との連携では、世界最高峰の展示会と言われる「メゾン・エ・オブジェ・パリ」に、「SEBASTIAN CONRAN "GIFU COLLECTION"」と称して 2017 年から 3 年連続で出展し、同氏と開発した新商品とともに産地の魅力をパリから世界へ発信した（図 4）。

　こうした取り組みにより、世界中からデザイナーやデザイナーの卵が視察や勉強のために岐阜県を訪れるようになりつつあり、欧米の中でハンディクラフトの名産地としての知名度が確実に向上していることがうかがえる。

3　オンライン・プロモーションに向けた取り組み

　これまで現地へ実際に赴いて対面でのアナログ的なプロモーション（地上戦）を行うことで順調に成果を上げてきた岐阜県だったが、2017 年に増加傾向にあった外国人延べ宿泊数が前年比 3.8% 減とまさかの減少に転じたことがある（図 2）。また、速報値ながら、2019 年も 2.1% 減で推移している。

　その要因の一つとしては中国人観光客の減少等が考えられるが、特に岐阜県においては、世界的な FIT 化（個人旅行化）により旅行者が大都市に集中していることが影響しているように思われる。近年、LCC（格安航空会社）の増加に伴ってインターネットで航空券やホテルを各自で手配する人たちが増えており、団体ツアーや路線バスでしか行けないような地方に宿泊せずに、大都市を拠点に日帰りのオプショナル・ツアーで地方を訪れるという傾向が強まっている。2017 年および 2019 年の外国人延べ宿泊者数を見ても、岐阜県は減少している一方で、愛知県は増加しており、名古屋から高山や白川郷への日帰りツアーが爆発的に増えていることからもこうした傾向は明らかである。

　こうした状況により、岐阜県では日帰り観光客が増えたことによるオー

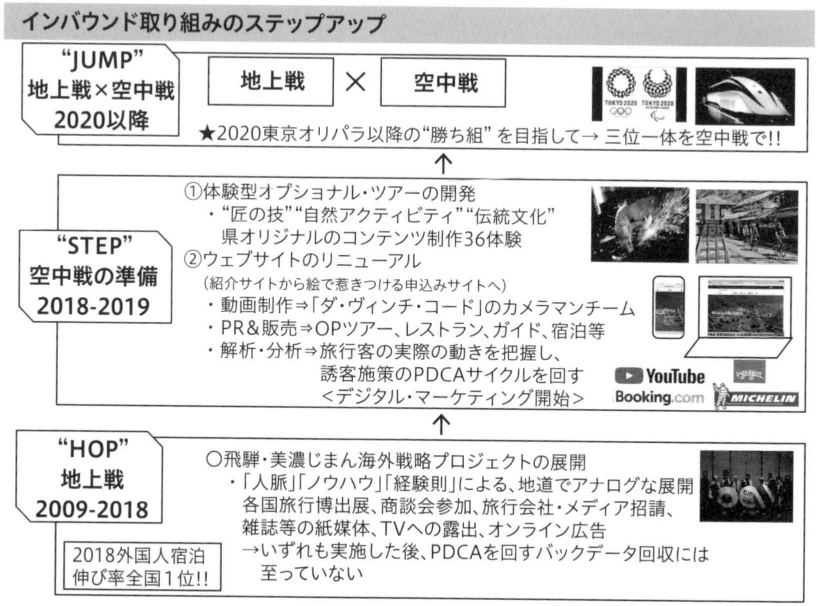
インバウンド取り組みのステップアップ
"JUMP"
地上戦×空中戦
2020以降
地上戦
×
空中戦
★2020東京オリパラ以降の"勝ち組"を目指して→三位一体を空中戦で!!
"STEP"
空中戦の準備
2018-2019
①体験型オプショナル・ツアーの開発
・"匠の技""自然アクティビティ""伝統文化"
県オリジナルのコンテンツ制作36体験
②ウェブサイトのリニューアル
（紹介サイトから絵で惹きつける申込みサイトへ）
・動画制作⇒「ダ・ヴィンチ・コード」のカメラマンチーム
・PR&販売⇒OPツアー、レストラン、ガイド、宿泊等
・解析・分析⇒旅行客の実際の動きを把握し、
誘客施策のPDCAサイクルを回す
<デジタル・マーケティング開始>
"HOP"
地上戦
2009-2018
○飛騨・美濃じまん海外戦略プロジェクトの展開
・「人脈」「ノウハウ」「経験則」による、地道でアナログな展開
各国旅行博出展、商談会参加、旅行会社・メディア招請、
雑誌等の紙媒体、TVへの露出、オンライン広告
→いずれも実施した後、PDCAを回すバックデータ回収には
至っていない
2018外国人宿泊
伸び率全国1位!!

図5　オンライン・プロモーションに向けた取り組み

バーツーリズムが懸念されつつある。今後も個人旅行化の流れはさらに進行することが予想されるため、国際空港がなく港もない岐阜県では、早急に次の一手を打つ必要に迫られている。

岐阜県に宿泊してもらうためには、あえて県内に長時間滞在する理由となるものが求められる。また、個人旅行客にアプローチするためには、これまでのアナログ中心のB to B（Business to Business／企業間取引）中心のプロモーションから、B to C（Business to Customer／企業対消費者取引）を意識した本格的なデジタル・マーケティングが必要となる。そこで、2018年度から2019年度の2年間をオンライン・プロモーション（空中戦）の準備期間と位置づけ、以下の取り組みを進めた（図5）。

1　体験型オプショナル・ツアーの開発

世界的な個人旅行化の進行に加えて、外国人観光客の嗜好・目的が「モノ

消費からコト消費へ」と変化しつつある状況を踏まえ、岐阜県独自の魅力を体験できる仕掛けとして「体験型オプショナル・ツアー」の充実化を図った。すでに欧米の旅行者の間で人気のあった飛騨古川の「里山サイクリング」や下呂市近郊の「小坂の滝トレッキング」などの自然体験に加えて、全国最多 30 を超える保存団体が活動し、日本一盛んだと言われる「地歌舞伎」の体験、中山道での「ウォーキング＆サイクリング」、関ケ原等での「歴史・文化」体験などが企画された。

　ここで注目すべきオプショナル・ツアーが、岐阜県が世界に誇る"匠の技"を体験するツアーである。岐阜県の"匠の技"は千年を超える歴史を持つとともに、先に紹介したデザイナー連携事業などのブランディング活動により、欧米でも着実に知名度を上げていた。それゆえ、その土地でしかできない貴重な体験として、特に欧米豪市場に向けて強力なコンテンツとなるポテンシャルを秘めているものであった。

　さらに、体験ツアーの参加者にとっては、自国で買えば 3 倍程度の価格

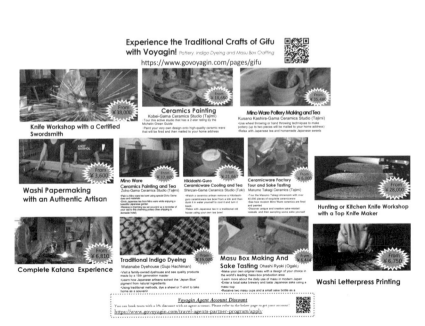

図 6　岐阜県ならではのオプショナル・ツアーの紹介

の商品を安く購入できる機会にもなり、商品のプロモーションにもつながる。逆にモノづくり企業から見ると、輸出して海外で販売することに比べて、面倒な関税手続きや売れ残った商品を日本へ送り返す必要がないためノーリスク・ハイリターンな取り組みとも言える。さらには、旅行者が帰国した後、多くの人にSNS等で自分の体験や購入した商品を無償でPRもしてくれる。まさに、一石三鳥な取り組みなのである。

　実際、1人3万円以上する刃物づくり体験に欧米豪を中心に予約が殺到しており、月50名ほどの訪問客を受け入れている企業もある。2009年度から地道に行ってきた地域産品のブランディングの取り組みが、結実しはじめた結果と言えるだろう。

　県内のオプショナル・ツアーは、準備期間の2年間で36本が開発され、現在では既存のものと合わせて50本を超えるツアーが揃えられている（図6）。

2　デジタル・マーケティングに向けたウェブサイトのリニューアル

　9年前に開設した岐阜県のウェブサイトは、7言語対応と言語数では立派なものだったが、スマートフォンに対応しておらず、加えて動画や画素数の大きい写真を掲載することができなかった。また、内容についても、自治体目線で紹介したい観光地やイベントを文章のみで説明しており、ビジュアル的にも弱く、時代錯誤なままに放置されているような状態だった。そこで、2019年、国際市場にアピールすることを狙いとして全面的にリニューアルすることとなった。その概要は以下の通りである（図7）。

1）全面リニューアルのポイント
　・文字でなく、写真や動画などを多用し、ビジュアルやストーリーで顧客を惹きつける。
　・外国人ライターによる取材記事で岐阜県の魅力を紹介する（外国人目線に立った紹介）。
　・単なる紹介だけでなく、体験コンテンツや宿泊等の予約機能を設ける。もしくは、予約まで辿り着きやすくする。
　・SNS等のオンライン事業以外にも、旅行博への出展やメディア広告

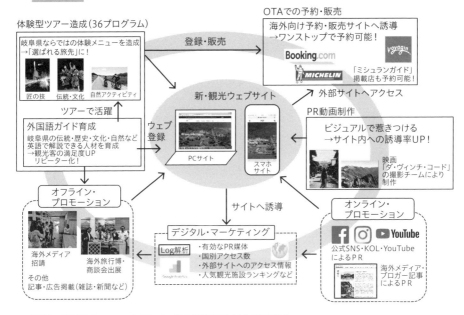

POINT すべての事業をリンクさせ、宿泊者150万人達成を目指す！

体験型ツアー造成（36プログラム）

岐阜県ならではの体験メニューを造成
→「選ばれる旅先」に！

匠の技　伝統・文化　自然アクティビティ

ツアーで活躍

外国語ガイド育成
岐阜県の伝統・歴史・文化・自然など
英語で解説できる人材を育成
→観光客の満足度UP
リピーター化！

登録・販売

OTAでの予約・販売
海外向け予約・販売サイトへ誘導
→ワンストップで予約可能！

Booking.com　voyagin
MICHELIN
「ミシュランガイド」
掲載店も予約可能！

新・観光ウェブサイト

ウェブ登録

PCサイト　スマホサイト

外部サイトへアクセス

PR動画制作
ビジュアルで惹きつける
→サイト内への誘導率UP！

映画
「ダ・ヴィンチ・コード」
の撮影チームにより
制作

オフライン・プロモーション

海外メディア招請　海外旅行博・商談会出展
その他
記事・広告掲載（雑誌・新聞など）

サイトへ誘導

デジタル・マーケティング
Log解析
・有効なPR媒体
・国別アクセス数
・外部サイトへのアクセス情報
・人気観光施設ランキングなど

オンライン・プロモーション

公式SNS・KOL・YouTube
によるPR

海外メディア・ブロガー記事
によるPR

図7　デジタル・マーケティングの構築に向けた取り組み

　（TV、雑誌）などのオフライン事業もすべて活用し、新しいウェブサイトに誘導する。
・コンサルタントやマーケティング会社と連携し、旅行客のオンラインでの行動や嗜好を把握することにより、実際に予約につながるようサイトの最適化を図る。また、ウェブサイトへの誘導につながりにくいオフライン事業を廃止し、効果のある新たな事業を立ち上げるなど、解析・分析による施策のPDCAサイクルを回す。

2）リニューアル後の新機能
・OTA（Online Travel Agent／インターネット上のみで取引を行う旅行会社）の仕組みを組み込み、宿泊予約を可能とする。
・OTAと連携し、岐阜県ならではの着地型観光商品（オプショナル・ツアー）の紹介と販売を行う。
・ミシュランガイド掲載店のオンライン予約を可能とする（希望店のみ）。

・通訳案内士、地域限定通訳案内士、岐阜県外国語案内ガイド研修修了者などの紹介およびコンタクトを可能とする。

3) その他
・YouTube 等からも本サイトへ誘導するために、映画「ダ・ヴィンチ・コード」のカメラマンチームに依頼して魅力ある岐阜県の映像を製作。
・2020 年 1 月に DMO となった岐阜県観光連盟の自己財源を増加させるため、OTA からのアフィリエイトを設定。

こうして、空中戦の準備が整い、2020 年度からは、岐阜県が得意としてきたオフラインの「地上戦」の取り組みに加え、オンライン上の「空中戦」による新たなプロモーション展開が可能になったのである（なお、新しいウェブサイトは https://visitgifu.com で公開中）。

4　ブランド・プロポジションの策定

岐阜県では、インバウンド誘客施策として、他の自治体に先駆けてアナログ中心の B to B 事業を積極的に実施してきたことは先述した通りである。さらに、旅行博についても、他県がほとんど参加していなかった時期から出展しており、今では 18 カ国 25 都市で展開している。また、海外の旅行会社やメディアの招請も、年間 50 本以上実施している。それに加えて、2020 年度から本格的にオンライン・プロモーションが始動されると、すべてが整ったかのように見えるだろう。しかし、それは大きな間違いであった。

例えば、2018 年度には海外から 56 本のメディアや旅行会社の招請を行ったが、そのほとんどが先方からの取材や視察などのリクエストに応える形の手配業務やアテンドにとどまっている。よくあるメディア等からの観光素材のオファーに対しては、各担当者の「勘ピュータ（センス）」で選んだ写真を提供していたに過ぎない。すなわち、岐阜県のこれまでの活動のほとんどが、対象国の状況（特徴や嗜好）に合わせた対応でしかなかったのである。それらは、観光客を増やすための努力（プロモーション）に過ぎず、5 年先や 10 年先にも岐阜県を選んでもらうためのブランディング活動ではなかっ

たのである。

　岐阜県では、2013 年度に県政の基本理念である「清流の国ぎふ憲章」を策定、「清流」をキーワードに様々な施策を展開し、今では県民の間にもかなり浸透している。しかしながら、海外に向けてインバウンド誘客をアピールしていくためには、次のステップが必要だった。

　それまで、少ない予算で最大限の効果を上げるために「観光・食・モノ」を複合的に PR するなど、"プレイス"としての認知度向上が重要という意識はあったものの、「どのような人に来てほしいのか（ターゲット）」「他の地域との違いは何か（競合との差別化）」「目指すべき姿（ブランド・プロポジション）」などを表現するフレーズやビジュアルを組織内で共有する取り組みが欠けていたことが問題となった。こうした共通認識がないまま、この 2 年間にわたり先の空中戦の準備をしていたらどうなっていたかと考えると寒気がするが、幸いにも空中戦の準備を始める際に「プレイス・ブランディング」の考え方に出会うとともに、「清流」の次のステップが必要であることに気づくことができた。

　"プレイス"としての認知度向上の重要性を理解した上で活動してきた岐阜県のインバウンド誘客チームのメンバーにとっては、"プレイス"という考え方が多くの分野に好影響を与え、効果的な取り組みを引き出すと考えるのは当然のことであった。2009 年度から開始された「飛騨・美濃じまん海外戦略プロジェクト」を通して、観光だけでなく食やモノづくりなどで様々な知識やネットワークが蓄積されていたことで、非常に短時間でブランド・プロポジションを策定することも可能になっている。こうした紆余曲折を経て、"プレイス"の考え方とブランディングが掛け合わされ、岐阜県版「プレイス・ブランディング」が発進されたのである。

　こうして、岐阜県では「プレイス・ブランディング」に向けた取り組みを進めた上で、それに基づいたウェブサイトや動画などをこの 2 年間で準備し、2020 年春にようやく公開するところまで漕ぎつけた。しかしながら、一地方自治体の予算はそれほど潤沢にあるわけもなく、すべてのものを一気につくり変えることは難しい。そこで、「プレイス・ブランディング」という柱は

表2 2019年度および2020年度における段階的な取り組み

年度	取り組み
2019年度	・ブランド・プロポジション等の策定 ・ウェブサイト全面リニューアル ・動画製作 ・着地型観光商品の造成 ・世界各国からのメディア招請による記事広告
2020年度	・観光パンフレット刷新 ・PRエージェンシーを活用した世界への情報発信　など

打ち立てつつも、製作物等は段階的に刷新していくこととしている（表2）。

　ここで、「プレイス・ブランディング」の中で最も重要であるブランド・プロポジションを策定する段階で、「どのような人に来てほしいのか（ターゲット）」「他の地域との違いは何か（競合との差別化)」の2点についてどのように設定したかを簡単に説明しておこう。

①ターゲット

　目先の数値を上げることだけを考えれば、岐阜県に宿泊する外国人観光客が多い中国・台湾・香港でのプロモーションが効果的であり、それらの3カ国がターゲットとなるが、5年先、10年先にも選ばれるための「プレイス・ブランディング」であるため、顧客インサイトに重点を置き、「顧客のニーズがどこにあるのか」「競合もまだ気づいていないニーズは何か」を徹底的に調査・検討することとした。

②競合との差別化

　他地域、特に競合との差別化は、ブランディングにおいては非常に重要な鍵を握っている。「都会vs田舎」「重工業vsハンディクラフト」「海の幸vs山の幸」「武士の文化vs公家の文化vs庶民の文化」など、差別化できる点について、岐阜県自身のブランド・パーソナリティとブランド・ポジショニングを考慮に入れつつ、丁寧に時間をかけて議論した結果、以下に挙げるア〜カの事柄から岐阜県ならではの強みを導き出すことができた。

　　ア　白川郷には、なぜ世界中から人が来るのか。他の地域にも合掌造りの建物はあるが、その多くが入場料を支払って見学する観光施設で

あるのに対し、白川郷は今も人が生活する空間であり、実際にそこに宿泊し、囲炉裏を囲んでの夕食なども体験することができる。

イ　江戸時代に整備された主要5街道のうち、歴史的な建物や史跡が最も多く連続して残っているのは中山道で、それが馬籠・妻籠の人気につながっている。

ウ　中山道沿いを中心に「地歌舞伎」という文化が発展し、保存団体が30以上、芝居小屋も9施設と日本一の数を誇るなど、根強い地歌舞伎文化が代々受け継がれている。

エ　全国に「鵜飼」を鑑賞できる場所は13カ所あり、その多くが観光用として民間事業者によって行われているが、長良川での鵜飼は、現在も宮内庁式部職である鵜匠によって行われており、まさに1300年前の歴史を今に伝えている。

オ　「郡上八幡」は、清流と名水が織りなす風景で知られ、環境省の名水百選の第一号として「宗祇水」が指定を受けている。町の至るところに小径や水路があり、町内で管理しながら、今でも野菜を洗ったり洗濯をするなど、水とともにある暮らしを見ることができる。

カ　関市は、世界三大刃物の産地であり、徳川家康の刀をつくっていた藤原兼房氏の25代・26代による刀鍛冶鍛錬を見ることができる。隣接する美濃市の美濃和紙は、1300年の歴史があり、最高級の本美濃紙の紙すき技術がユネスコ世界無形文化遺産に登録されたことでも知られている。そのほか、陶磁器生産量日本一の美濃焼や、飛鳥時代から続く飛騨木工など、岐阜県には日本有数の"匠の技"が集結している。

　以上の共通点から導き出された岐阜県の強みは、「岐阜県には、観光用として新たにつくり出したものではなく、自然豊かな環境のもと、先人から受け継がれてきた文化、伝統、匠の技が、現在も人々の暮らしの中に息づいており、それが県内の至るところに散りばめられている」ということであった。そこでブランド・プロポジションとして、岐阜県を訪れることで得られるものを明記するため、「日本人の魂を感じることができる」というフレーズが

☆**ブランド・プロポジション　"日本の源流に出会う旅"**

『岐阜に来て、豊かな自然に身をゆだね、人々が大切に受け継いできた伝統、日常の暮らしや文化に触れることで、日本人の魂を感じることができるだろう』

<解釈>

●日本の中央に位置する岐阜。緑豊かな雄大な自然と暮らしを育んできた清流。この地に生きる人々は自然と戦うのではなく、先人が守ってきた自然に感謝し、自然と共に生きる道を選んできた。

(例) 日本アルプス (トレッキング)、清流、田園風景 (里山サイクリング)、棚田、小坂の滝めぐり、温泉など

●先人がモノづくりに込めた精神を受け継いできた匠の技、1300年以上前から今に伝わる長良川鵜飼、江戸に憧れた農民の娯楽である地歌舞伎などの伝統は、時を超え、今でもここで息づいている。

(例) 匠の技 (陶磁器、和紙、木工、刃物)、地歌舞伎、郡上踊り、長良川鵜飼、関ケ原など

●交通の要衝として栄えた中山道、江戸幕府の直轄地であった高山、村人たちが支えあって暮らす合掌造り集落・白川郷など、昔の面影を残し、変わらない営みを続けている。ここでは先人の知恵や思いが暮らしの中に生き続けている。

(例) 中山道 (宿)、合掌づくり、高山朝市、郡上水路、まつり (高山等)、囲炉裏など

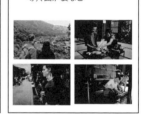

図8　岐阜県のブランド・プロポジション（イメージ）

添えられることになった（図8）。

　なお、このブランド・プロポジションについては、岐阜県のインバウンド誘客チームが日本語でまとめた素案をもとに、岐阜県に取材に来たことのある欧米在住の複数のプロのライターにストーリーを意識して英語で創作してもらい、その中からベストなものを選定している。

5　サステイナブルな取り組みに向けて

　こうして策定されたブランド・プロポジションに関して、欧米豪を中心としたメディア関係者等に意見を求めたところ、次のような意見が聞かれた。

　・岐阜県の人々が大事にする伝統、文化、匠の技を受け継いでいこうとする精神は、まさにSDGs（持続可能な開発目標）の考え方につながる最も大切にすべきものである。

・長良川の鵜飼、下呂温泉、美濃和紙などの歴史が1300年続くということは、その間ずっと川や温泉を大事にし、匠の技に誇りを持ってきたということの証しだろう。すべてがSDGsのゴールである。都会ではゴミや二酸化炭素の排出削減が叫ばれているが、岐阜県の人々には昔からSDGsの精神が備わっているようだ。

　これらの意見にも見られるように、岐阜県のブランド・プロポジションには、サステイナビリティの要素が強く盛り込まれている。岐阜県がようやくプレイス・ブランディングを取り入れ、本格的な地上戦と空中戦を駆使したマーケティングをスタートさせたとしても、海外メディアで取り上げられ、岐阜県の知名度が飛躍的に向上するかどうかはわからない。しかしながら、今回のプレイス・ブランディングの取り組みによって、世界で昨今注目されているSDGsの理念であるサステイナブルな考え方を、千年以上もの間、岐阜県の人々が大事にしてきたことに改めて気づくことができたことは大きな収穫だろう。その点で、プレイス・ブランディングは、単なる観光客誘致活動ではなく、"プレイス"で育まれてきた先人からの宝を再認識し、それを次の世代に引き継いでいく活動とも言える。そして、そうした活動を展開していくことこそが、"プレイス"にサステイナビリティをもたらすことにつながると思われる。

　そのためには、プレイス・ブランディングに関わるあらゆる関係者、そして地域住民全体が誇りを持ち、世界に向けたブランディング活動のプレイヤーとなることが求められる。そこでは、DMOが各ステークホルダーや地域住民の意識と誇りを高めるような取り組みを実施していくことが鍵を握っている。岐阜県が5年先、10年先にも世界中の観光客から選ばれる"プレイス"となり、この"プレイス"の宝が100年先、200年先へと大切に受け継がれていくことを心から期待している。

（加藤英彦）

京都市

「京都らしさ」を軸にした
デスティネーション・ブランディング

　京都市は、豊かな文化遺産や歴史情緒あふれる町並みで国内外から数多くの観光客を惹きつけ、国際的な観光都市として不動の地位を築いている。海外からの観光客も急増し、観光を取り巻く状況も大きく変化するなか、京都市でどのような取り組みが進められているのか、概観していこう。

1　京都市の観光を取り巻く現状

　京都市の観光客数の推移を見てみると、1970 年半ばから 2000 年にかけて停滞する時期がありながらも、増加に転じ、2008 年には 5000 万人を超えている（図 1）。また、近年は外国人観光客の増加が著しい状況にある。

　2008 年の観光客 5000 万人達成を契機として 2010 年に策定された「未

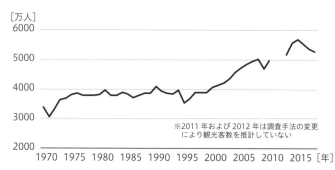

図1　京都市の観光客数の推移 （出典：京都市観光総合調査をもとに作成）

表1 京都市における主な観光関連指標の推移

指標	2013 年	2018 年
観光客満足度（日本人）	92.6％	90.3％
観光客満足度（外国人）	95.0％	97.6％
観光消費額	7002 億円	1 兆 3082 億円
国際会議件数	176 件	348 件

注：観光客満足度は「大変満足」「満足」「やや満足」の合計値
（出典：京都観光総合調査および日本政府観光局国際会議統計をもとに作成）

来・京都観光振興計画 2010＋5」では、「量から質」への転換が掲げられた上で、「観光客の満足度の向上」、地域の豊かさを上げる観点から「観光消費額の向上」といった具体的な目標が示されており、その実現に向けた観光政策が推進されている（表1）。

また、こうした観光の質の向上に向けた取り組みや、海外に向けた情報発信によって、世界におけるデスティネーションとしての評価も高まっており、世界的に影響力のある旅行雑誌『Travel and Leisure』の読者投票による旅行先ランキング（World Best Cities）では、2012 年に初めてベスト 10 入りして以降、2 回の世界一を含め、8 年連続で上位に選ばれている。

豊かな歴史文化遺産をはじめとして観光地としての好条件を備えていることもさることながら、京都市がこのように近年に入ってより多くの観光客を惹きつけ、着実に評価を高めている背景には、デスティネーションとしての魅力を向上させながら、それをうまく伝えていく取り組みが有効に機能していることが挙げられる。以降で、その取り組みを見ていこう。

2 「京都らしさ」に基づく官民一体となった 統合的な取り組み

京都市が 2018 年に実施した観光総合調査によると、日本人旅行者の満足度が高かったものとして上位 3 つに並ぶのが「寺院・神社／名所・旧跡」（94.8％）、「伝統文化」（89.9％）、「自然・風景」（89.8％）である。また、例年全国の地域を対象に実施される地域ブランド調査（㈱ブランド総合研究

所）では、京都市は 2007 年から 13 年連続で魅力的な都市上位 3 位以内に選出され、直近の調査では「歴史・文化のまち」のイメージで全国 1 位に選ばれている。これらのデータから、京都市を実際に訪れた観光客が、神社仏閣や祭り、伝統工芸などの文化資源、歴史情緒ある町並みや周囲を取り巻く三山の景観などに高い満足感を得ているとともに、歴史や文化を味わうことができる魅力的なデスティネーションという京都市のイメージが全国の消費者に的確に伝わっていることがうかがえる。

　それが達成されている背景には、歴史・文化・景観の豊かさ、そして伝統工芸や食文化などに見られる上質なものへのこだわりといった京都の特性が、市民によって守られるべきものとしてしっかりと認識された上で、それを維持向上させていくようなまちづくりに市民と行政が一体となって地道に取り組んできた経緯がある。そのような市民と行政のまちづくりに対する意識の高さは、京都タワーの建設問題やバブル期の高層マンション問題などで市民による景観保全運動が展開され、そうしたことを受けて全国に先駆けて景観政策を実施してきたことにも表れている。

　加えて、観光分野においても、そうした都市の特性が維持・強化すべきブランド・アイデンティティとして民間事業者も含めて暗黙的に共有されている。それにより、観光コンテンツ開発や情報発信などが官民それぞれで同一の方向を目指して行われており、デスティネーションとしての評価を維持・向上させることに貢献している。

　例えば、観光関連事業者と行政が京都の観光振興について話し合う会議の場では、「伝統的な文化」や「歴史的な京都の雰囲気」「本物や上質なものへのこだわり」などが「京都らしさ」という言葉でしばしば表現され、それを維持していくことの重要性について議論される。こうした議論の結果、民間事業者の参画を得て策定される京都市の観光振興計画では、「京都らしさ」の維持・向上に関連した内容が計画の基本方針や取り組みの柱として掲げられている（表 2）。

　このように、京都では、各ステークホルダー間で暗黙的に「京都らしさ」というブランド・アイデンティティが共有されていることで、京都の都市特

表2　京都市の観光振興推進計画に見られる「京都らしさ」（関連部分抜粋）

【京都市観光振興推進計画（2001年策定）】
重点戦略1「「ほんもの」による通年型観光の推進」として、京都の持つ「ほんもの」の魅力の再発見、向上を図るとともに、季節に影響されることなく集客できる新しい観光の魅力を創出することを重点戦略の目標として設定。

【新京都市観光振興推進計画（2006年策定）】
観光振興5つの宣言のうち、「(1) 5000万人観光都市の確かな実現を目指します」、「(4) 観光立国・日本の拠点都市として、外国人観光客誘致を牽引します」の2つの宣言において、「歴史、伝統文化、豊富な文化財」、「自然環境と伝統的な町並み」を活かした観光振興を行う旨を宣言。

【未来・京都観光振興計画2010＋5（2010年策定）】
「京都観光が目指す姿」における「観光スタイルの質」の向上として、「奥深い"ほんまもん"の京都の魅力を体感するために、じっくり滞在し、五感をもって自ら体感する観光」を目指す姿として設定。

【京都観光振興計画2020（2014年策定）】
「2020年の4つの観光都市像」のうち、「(1) 多様な景観資産、自然景観と文化資産を守り、育て、創造的に活用するまち」として、伝統文化・伝統産業等の文化的資産を守り、育て、創造的に活用するとともに、世界中の人々に発信し、世界からあこがれるまち京都を目指すことを目標に設定。

性を強化することにつながるデスティネーション・マネジメント（対内的取り組み）と観光情報の発信・プロモーション（対外的取り組み）が統合的に行われている。その統合的な取り組みが、観光客の中に明確で良好なイメージを形成することにつながっているのである。

3「京都らしさ」を維持・向上させるまちづくり

　ここでは、対内的な取り組みとして、ブランド力の向上に向けたデスティネーション・マネジメントに関する取り組みを3つ紹介する。これらの取り組みのうち、景観保全の取り組みは観光振興を目的として始められたものではないが、結果的に京都のブランド・アイデンティティの強化に大きく貢献するものだと位置づけられる。

1　景観保全の取り組み

　京都市では、1930年に風致地区が指定され、1972年に全国に先駆けて市街地景観条例が制定されるなど、景観保全に力を入れてきた。しかしなが

ら、こうした積極的な取り組みにもかかわらず、高度成長期以降も続いたマンションの建設ラッシュや町家の消失などにより、京都の美しい景観は着々と失われていく状況にあった。

そのような状況に対して、2007年、京都市では新たな景観政策を打ち出した。ここでは「50年後、100年後の京都の将来を見据えた歴史都市・京都の景観づくり」がコンセプトに掲げられ、「建築物の高さ規制の見直し」「建築物のデザイン基準等の見直し」「眺望景観・借景の保全・創出」「屋外広告物対策の強化」「歴史的な町並みの保全・再生」を5つの柱として、京都らしい優れた歴史的景観や自然と調和した景観の維持継承のさらなる強化を図るための施策が示されている。

そのうち観光に関わりの深い「眺望景観・借景の保全」に関しては、全国初となる眺望景観を保全する条例が制定され、眺めを妨げる建物の高さやデ

図2　四条通の景観（上：広告物撤去前、下：広告物撤去後）
（提供：京都市）

ザインを規制することで、寺社とその背景の眺めや京都を取り巻く三方の山並みへの眺めなどを保全する取り組みが行われている。また、「屋外広告物の規制」では、屋上・屋外広告物の全面禁止、広告物の大きさや色等の詳細な基準の設定のほか、3万を超える違反広告物の徹底的な是正などにより、美しい品格のある都市景観づくりが実現されている（図2）。

2　歴史的町並みや自然景観を活かした「京都・花灯路」

　京都・花灯路は、2003年に開始されたライトアップ・イベントで、毎年3月（東山）と12月（嵐山）に行われている。紅葉と桜の時期に集中する観光客の季節分散を図るとともに、夜の観光コンテンツを造成することでオフシーズンの宿泊観光を推進することを目的に、京都市や京都府、京都商工会議所、京都仏教会等が協力して企画されたイベントである（図3）。

図3　京都・花灯路（上：東山、下：嵐山）
（提供：京都・花灯路推進協議会）

表 3　2019 年度予算における宿泊税の使途と充当額

使途	充当額
混雑対策・分散化	8.7 億円
民泊対策	1.4 億円
宿泊事業者支援・宿泊観光促進	3.9 億円
受け入れ環境整備	7.1 億円
国内外への情報発信	2.6 億円
京都ならではの文化振興・美しい景観の保全	**16.8 億円**

（出典：京都市のホームページをもとに作成）

　東山地域では清水寺や高台寺周辺の歴史的な町並み、嵐山地域では渡月橋や竹林の小径などの自然景観を活かして、エリア内の路地に 2 千を超える行灯が設置され、現在では年間約 200 万人が夜の散策に訪れる季節の風物詩となっている。花灯路開始以前から行われていた神戸ルミナリエや、同時期に始まった大阪光のルネサンスといった市街地の建物や街路樹を電飾でライトアップするイベントとは一線を画しており、歴史的町並みや自然景観を活かした京都らしい魅力を向上させる観光コンテンツである。

3　宿泊税も京都らしさの維持・向上に投資

　京都市では、2018 年 10 月から宿泊税が導入され、その使途の 1 番目として「住む人にも訪れる人にも京都の品格や魅力を実感できる取り組みの推進（文化財保護や歴史的景観の保全など）」が示されている。2019 年度の予算においては、約 4 割の金額がこの使途に割り当てられており、京都の伝統文化・伝統産業の振興や景観の保全をはじめとして「京都らしさ」の維持・向上に充てられる財源が強化されている（表 3）。

4　「京都らしさ」を伝える情報発信・プロモーション

　ここでは、対外的な取り組みとして、京都の魅力を観光客に伝える情報発

信・プロモーションについて紹介する。

　現在、京都市の観光プロモーションについては、DMOである京都市観光協会が中心的な役割を担っている（インバウンド誘致については、2018年4月より京都文化交流コンベンションビューローから事業移管）。同協会では、京都が有する豊かな歴史や文化、そしてその背後にある数多くのストーリーを、限られた予算で伝え、京都の認知度向上や観光客の誘致につなげていくためには、有力なメディア（雑誌・新聞・テレビ等）やジャーナリストを通じて発信することが最適であると判断し、長年にわたりメディア対応に重点を置いた取り組みを行ってきた。

　特に海外に向けては、各国の主要都市に海外情報拠点（2019年度時点で14カ所）を設置し、各国メディア向けの情報発信、ジャーナリストからの取材依頼への対応等を行っている。これらの拠点では、京都に関心を持ったジャーナリストからの取材希望内容や記事が掲載される媒体の影響力等もチェックしており、京都にとってふさわしいジャーナリストを選別した上で京都市側に取り次ぐ役割も果たしている。一方、京都市側では、そうした海外拠点から取り次がれたジャーナリストの取材をサポートする専属スタッフを置くことで受け入れ体制を充実させており、きめ細かなサポートにより有力なジャーナリストと十全な関係を構築し、持続的に京都に関心を持ってもらえるような体制を整えている。こうしたジャーナリストとの良好な関係構築と質の高い情報発信の取り組みにより、各国の有力な媒体に継続的に京都がアピールされることで、国際市場における京都の認知度は着実に向上している。

　また、京都市では、DMOや行政だけでなく、民間事業者も京都の情報発信に大きな役割を果たしている。JR東海が展開している「そうだ京都、行こう」キャンペーンは、長年にわたり、京都の寺社や庭園、桜や紅葉などの美しい風景を上質な映像や音楽とともに紹介し、京都のブランド向上に大きく寄与してきた。また、『婦人画報』や『家庭画報』などの高級婦人誌では、着物や伝統工芸、茶道や華道などのテーマで頻繁に京都を特集し、歴史と文化に彩られた上質な都市というイメージ形成に大きく貢献している。

5　観光地づくりを含めた統合的なブランディングの重要性

　今後の見通しとしては、以下のような観光を取り巻く世界的なトレンドの変化により、観光地づくり・観光コンテンツ開発までを含めた統合的なブランド・マネジメントの重要性が増すことが予想される。

1）観光客評価（口コミ）の影響力の増大

　現在、Facebook や Instagram などの SNS、TripAdvisor などのレビューサイトの利用が世界的に拡大しており、観光客評価（口コミ）の影響力が急激に増大している。このような状況下では、それぞれのデスティネーション自身の情報発信に加えて、「デスティネーションとしてどうあるべきか」という観点から観光地づくりを行い、観光コンテンツを開発していくことの重要性が増すことになる。したがって、デスティネーション・ブランディングにおいても、デスティネーションとして確立したいブランド・アイデンティティ、あるいは、観光客に抱いてほしいブランド・イメージを明確化し、それに近づける観光地づくり、観光コンテンツ開発を進めていくことが求められる。

2）都市の均質化

　国連世界観光機関（UNWTO）のハンドブックでは、デスティネーション・ブランドは「その場所の持つ競争力のある独自性（place's competitive identity）」と定義され、あるデスティネーションを他のデスティネーションから際立たせ、人の記憶に残るものであるべきとされている。

　一方、世界中の都市景観はグローバル化の進展に伴い、均質化の一途をたどっている。そのような状況下では、他のデスティネーションと差異を生み出しているその場所の特徴を維持・強化すること、あるいは、その場所の特徴と調和したまちづくり、観光コンテンツ開発を進めていくことの重要性が増すことになる。したがって、デスティネーションとして目指したい・維持したい姿を明確にした上で、まちづくりや観光コンテンツ開発を含む統合的な取り組みを実施していくことが求められる。

これまで述べてきた通り、京都では、国内外に魅力を発信することにとどまらず、豊かな文化遺産や歴史情緒あふれる町並み、上質なものへのこだわりといった京都の特性「京都らしさ」の重要性を市民、観光事業者、行政が共有し、それを維持・向上させる努力が続けられてきた。

世界の都市で高層ビルが次々と建設されるなか、京都では全国的にも厳しい建築物の高さ規制が導入され、そのような近代的な大都市とは一線を画し、自然や歴史的町並みと調和するまちづくりに向けて取り組みが強化された。

また、京の食文化、花街の文化、地蔵盆、着物文化など、法令上文化財としての指定・登録が困難なものを次世代に向けて継承することを目的に「京都をつなぐ無形文化遺産」制度を創設するなど、京都の特性を体現する文化・観光資源の保護にも一層力を入れている。

このように「京都らしさ」を軸にして、他のデスティネーションと差別化する方向で、まちづくり・観光コンテンツ開発と情報発信・プロモーションを統合的に行うことによって、海外主要雑誌の読者投票によるランキングや地域ブランド調査をはじめ、良好な観光客評価を獲得することに成功している。

6 今後の課題

最後に、今後の課題として以下の3点について述べる。

1) 観光課題への対応

近年、観光客の急増に伴う各観光スポットや公共交通機関などでの混雑やマナーの問題などが課題となっている。こうした問題が深刻化し、寺社仏閣や歴史的な町並みを十分に味わうことができないような状況に陥った場合にはブランド・イメージを損なうことにもつながりかねない。また、持続可能な観光を実現していくためには、こうしたブランド・イメージの保持に加えて、住民生活と調和した観光が必要不可欠である。

そこで、京都市では、2019年11月に「市民生活との調和を最重要視した持続可能な観光都市」の実現に向けた基本指針と具体的方策を取りまとめている。そこでは、「混雑への対応」「宿泊施設の急増に伴う課題への対応」

「観光客のマナー違反への対応」を 3 つの柱として、50 の取り組みが示されている。今後、この指針に基づく取り組みを着実に推進し、観光客と市民の双方にとって満足度の高いデスティネーション・マネジメントを行うことが喫緊の課題となっている。

2）ブランディング戦略の体系化（暗黙知を形式知へ）

京都市では、観光のブランド・アイデンティティが市民や事業者、行政等の間で暗黙的に共有され、それに沿った取り組みが行われていることを先に述べた。しかしながら、近年、外資系ホテルの進出をはじめとして、より多様な主体の参入が急速に進んでいる。そのため、こうした暗黙的に共有されているブランド・アイデンティティを、ブランド・ガイドラインなどの形で形式知としてまとめていくことが求められる。

京都市では、毎年、京都に訪れる観光客の満足度や観光行動の調査を行っているが、2019 年度には国内他都市や海外における居住者を対象として、京都に対するイメージや京都ファン層の特性等を把握する調査も実施している。今後、こうしたデータも活用しながら体系化を行っていくことが、ブランド・アイデンティティおよびブランド・イメージの強化のために必要になると考えられる。

3）プレイス・ブランディングへの展開

市内に 38 の大学を抱える京都市は、「大学のまち・学生のまち」として国内外からの学生誘致に力を入れている。特に留学生については、2015 年に留学生誘致・支援組織として「留学生スタディ京都ネットワーク」を立ち上げ、海外向けの情報発信や留学生の就職支援等の活動を積極的に行っている。また、京都市では海外を含めた企業誘致、伝統産業製品や京野菜等の地元産品の販売促進などに関する活動も行っているが、そうした他分野と観光との連携はまだ十分とは言えない。

今後、国内外から人やビジネスを惹きつける都市としてさらに飛躍していくためには、観光で築いてきた世界的なブランド力をより有効に活用し、こうした他分野を含めたプレイス・ブランディングとして展開していくことが求められる。

（西松卓哉）

5章

日本における
プレイス・ブランディングの
確立に向けて

1　プレイス・ブランディングを取り巻く日本の現状

　近年、プレイス・ブランディングは、日本のマーケティング研究領域で関心が高まっており、マーケティングやブランドの専門家、実務家を中心に、プレイス・ブランディングの調査研究がなされている。

　ブランド研究の権威である田中洋氏は、著書『ブランド戦略論』（2017年、有斐閣）において、これまでのモノだけでなく、サービス・成分・技術・オンライン・観光地・都市などブランド化される対象が広がっていること、そのため各都市間また観光地間のグローバル競争が激化し、場所のブランディングも盛んに行われるようになったこと、それが「プレイス・ブランディング」「デスティネーション・ブランディング」と呼ばれることを紹介している。

　一方、日本においてプレイスの視点を取り入れたブランディングを産学協同で展開している電通abic projectにより編集された書籍『プレイス・ブランディング』（2018年、有斐閣）では、「日本においては、『地域ブランド』というと、まだまだ産品をイメージすることが多く、…（中略）…一層のこと、『プレイス』という言葉に置き換えて、『プレイス・ブランディング』という新しいジャンルを確立した方がいい」と述べた上で、「日本が抱える課題の根深さは、産品中心から地域そのものを対象としたプレイス・ブランディングへの進化を求めているのではないか」という提案が示されている。

　また、大阪市立大学の小林哲教授は、著書『地域ブランディングの論理』（2016年、有斐閣）において、プレイス・ブランドおよびプレイス・ブランディングを「地域ブランド」「地域ブランディング」と同義語として位置づけ翻訳した上で、地域ブランディングを「地域空間や地域産品の価値を高めるためにブランドを活用すること」と定義している。また、海外で議論が高まっている「地域空間」を対象とする地域ブランド論と、日本で一般的な「地域産品」を対象とする地域ブランド論の2つのあり方を示した上で、「2つの地域ブランド論を統合する枠組みを提示することで、地域空間ブランディングと地域産品ブランディングを有機的に結合し、地域ブランディング全体を

俯瞰的に議論する」として、地域空間ブランディングと地域産品ブランディングを並列的な関係に位置づけている。

　これらからも、日本国内の研究者や実務者の間でプレイス・ブランディングに対する関心が高まりつつある状況が見てとれる。他方、プレイス・ブランディングを「地域ブランディング」と翻訳し使用されていることを踏まえると、日本においては「地域産品」的な視座が強くなってしまい、本来「地域空間」的な概念であるプレイスの定義が不明瞭なままとされているように思われる。加えて、「地域ブランディング」と捉えられると、まちおこしやゆるキャラなど日本特有のローカル色の強いものとなってしまう傾向も見られ、それがプレイス・ブランディングの考え方の普及を妨げる要因の1つにもなっている。

2　日本版 DMO の概要

　観光庁では、観光地域づくりにおいて地域の多様な関係者が連携し、地域

図1　日本版 DMO の概要 (出典：観光庁のホームページ)

に息づく暮らし、自然、歴史、文化等に係る地域の幅広い資源を最大限に活用していくことが必要であるとした上で、その一連の活動を行う組織として日本版 DMO（観光地域づくり法人）を位置づけている（図 1）。また同庁では、日本版 DMO を「地域の多様な関係者を巻き込みつつ、科学的アプローチを取り入れた観光地域づくりを行う舵取り役となる法人」と定義している。

この日本版 DMO に関しては、2015 年 11 月に登録制度が創設され、2020 年 1 月現在、「広域連携 DMO」「地域連携 DMO」「地域 DMO」の 3 つのカテゴリー別に合計 267 団体が登録されている。

3　日本におけるプレイス・ブランディングの必要性

現在、日本の国家ブランディングに関しては、文化・芸術を通じたブランド力の強化とともに、知的財産の保護・活用あるいは産業政策の観点からコンテンツ産業の国際競争力を強化させる取り組みが実施されている。また、今後の展開としては、観光立国の推進やクールジャパンの文脈で国家ブランドを強化していく方向性が見込まれる。

こうしたなか、アンホルト国家ブランド指数（NBI、図 2）をはじめとす

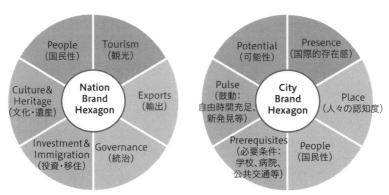

図 2　サイモン・アンホルトの国家／都市ブランド力測定ヘキサゴン
（出典：Ipsos 社のホームページをもとに作成）

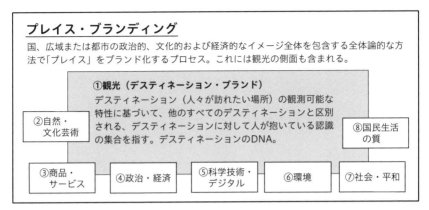

プレイス・ブランディング

国、広域または都市の政治的、文化的および経済的なイメージ全体を包含する全体論的な方法で「プレイス」をブランド化するプロセス。これには観光の側面も含まれる。

①観光（デスティネーション・ブランド）
デスティネーション（人々が訪れたい場所）の観測可能な特性に基づいて、他のすべてのデスティネーションと区別される、デスティネーションに対して人が抱いている認識の集合を指す。デスティネーションのDNA。

②自然・文化芸術

③商品・サービス

④政治・経済

⑤科学技術・デジタル

⑥環境

⑦社会・平和

⑧国民生活の質

図3　プレイス・ブランディングの概念図
(出典：UNWTO (2009) *Handbook on Tourism Destination Branding*, World Tourism Organization and European Travel Commissionおよび内閣官房文化経済戦略特別チーム「平成29年度国家ブランドに関する指標調査最終報告書 (2018年5月15日)」をもとに作成)

る国家の総合的なブランド力を示す国際指標では、「観光」だけではなく、「政治・経済」「自然・文化芸術」「商品・サービス」「科学技術・デジタル」「環境」「国民生活の質」「社会・平和への貢献」等についても重視されており[1]、それらの評価を上げていくためには観光も含めた分野横断的な取り組みが必須となる。

　それを実現させるためには、観光誘客が中心であるデスティネーション・ブランディングの枠を超え、国家や広域、都市レベルにおける政治・文化・経済的発展に向けた全体論的なブランディングのプロセスであるプレイス・ブランディングの概念を普及させることが求められる（図3）。

4　日本におけるプレイス・ブランディングの確立に向けた提言

　日本各地で実施されているエリアのブランディングにおいては、以下のような課題を指摘することができる。
　・2003年ビジット・ジャパン事業開始当時は、DMOとその指揮命令関係がない様々な外部ステークホルダーとの間で合意形成が困難であったこと、デスティネーションをマーケティングしていくことに関する知見

が不十分だったこと、司令塔組織がなかったこと等の理由から、日本のインバウンド観光政策は、デスティネーションとしてのブランド構築をスキップしてプロモーションから重点的に着手された[*2]。

・組織やエリアとしてのブランド戦略構築が不十分なまま、単独または単発的にイベントやプロモーションを行う傾向が強い。

・同一エリアを対象としていながら、国、広域、都市という各層の DMO 間の連携が十分ではない。

・縦割りの意識が残るため、観光、農水産、商業等の各分野、各部局が連携のないままプロモーションやブランディングを行っている。

・地域におけるブランディングでは、地域産品・地域グルメやゆるキャラなど日本特有の取り組みに重点が置かれる傾向にあり、その結果としてブランドを特定する対象が狭くなっている。

・外国人観光客が日本に対して抱いているブランド・イメージを日本が捉えきれていない、また日本という国家ブランドを対外的に適切にポジショニングできていない可能性がある[*3]。

こうしたなか、国内においても、プレイス・ブランディングに向けた動きも見られる。4章で紹介した岐阜県の「飛騨・美濃じまん海外戦略プロジェクト」はその先駆的な事例であり、暗黙知を形式知へと移行させていく取り組みが実施されている。また、京都市ではプレイス・ブランディングへの萌芽を確認することができる。

こうした状況も踏まえた上で、運輸総合研究所プレイス・ブランディング研究会での議論や観光・ブランディングに関する国際シンポジウム（運輸総合研究所主催、2019 年 3 月 13 日）での提言等をもとに、日本においてプレイス・ブランディングを確立していくにあたり押さえるべきポイントを示唆したい。

1　ブランドに対する認識の転換

・日本では、ブランドに関する現状がどのようなもので、どこに課題があるのかについて十分な調査・検討がなされないままに、ブランディングが論

じられがちである。

・日本という国家、広域そして都市という各々の層でエリア（プレイス）が目指すブランドの中核概念やブランド・エレメントがどのようなものかをまずは明確にする必要がある（3章の手法1および手法2参照）。

2　ブランドの中核概念の統一

・デスティネーションは観光名所、宿泊施設、交通手段、商業、農水産業、住民、観光客など様々な要素で形成されているが、それぞれで目指すものが違うところに難しさがある。

・よって、3章の手法1や手法2を参考に、デスティネーションとしての目的、最終的になりたい姿を中核概念として明確にすることが、異なる存在理由を有するステークホルダー間の合意形成には不可欠である。

3　リーダーシップ

・観光誘客や産品輸出等のため、海外において日本の各自治体や各団体が観光展や物産展、キャンペーンを行っているが、メッセージや目的がばらばらであるため、現地では混乱を招いているという声も聞かれる。

・いろいろなものをすべて詰め込むことは困難であり、そこでは誰かがリーダーシップをとり、3章の手法2で提示したように、ブランド・エレメントを構築し、手法4の通りマーケティングを統合し、手法6で示したように組織としてブランド統括者を一本化し、相手を混乱させることなく多様性を出していくことが求められる。

4　エリア全体のインボルブメント

・3章の手法6で紹介したが、外部の者を巻き込んでいくエクスターナル・マーケティングが重要である。海外のDMOでは、ステークホルダーや地域住民向けに、画像や数値を駆使して、ビジュアル的にもわかりやすいアニュアル・レポート（年間報告書）を作成しており、自分たちの活動を伝える努力をしている。

・エリア全体で支持を得るには、直接観光に関係のない地域住民にも成果を伝えていくことが求められる。それにより、3章の手法8に示したように、地域住民の当事者意識が高められ、ひいては、観光予算への支持も得られ、観光に起因するオーバーツーリズム等の諸問題に関する理解促進にもつながる。

・観光を通じて地域の生活の質を高めていくことを住民に伝えることが重要である。4章の事例5でアメリカ・ハワイ州の成功事例を紹介したが、観光振興を通じて自分たちに利益があるとわかれば、協力者が増加し、好循環が生まれる。

5　ストーリーを自ら語ることの重要性[*4]

・自分のブランド・ストーリーを自ら語ることが重要である。しっかりとしたブランドがないままに、他者から勝手なストーリー付けがなされた際には、混乱が起こることになる。

・他者や他国が語るストーリーは、例えば自然災害等による風評被害、テロや疫病イメージの拡散など、往々にしてネガティブになることもありうる。それゆえ、ポジティブなストーリーを自分たちの言葉で語り、デスティネーションの側から真実を積極的に伝えていく必要がある。

・よって、ブランドを自らの手で適切に管理することが重要である（3章の手法2参照）。

6　NTO と地域 DMO の関係

・4章の事例2で紹介したイギリスのNTOである英国政府観光庁では、ロンドン、イングランド、スコットランド、ウェールズの各地域のDMOとの間で、次年度のマーケティング・プラン（マーケティング計画書）の骨子を共有している。

・それをもとに、各地域のDMOでは、次年度のマーケティング活動においてどの部分で政府観光庁と連動することが効果的・効率的なのかを判断している。例えば、英国政府観光庁が重点市場としてアラブ首長国連邦を強

化することが事前にわかれば、同国をターゲットとする地域DMOがそこに参画することを事前に選択できる。

・NTOと地域レベルのDMOの連携については、4章の序文で触れているアメリカの取り組みが参考になる。

7　行政とDMOの関係

・4章の事例2でも言及したが、欧米では「アームズ・レングスの原則（Arm's Length Principal）」が主流であり、行政とDMOとの役割分担・責任分担が明確にされている。

・つまり、政策主体である行政は全般的な政策面での枠組みや資金は提供するが、直接的な管理運営については個々の独立組織たるDMOが責任を負い、行政は事業に対して口を出さないのが原則である。ただし、DMOは行政と合意したマーケティング目標の達成に関する責任を有する。

・ニューヨーク市観光局では、プロモーション等の事業については、行政もメンバーである理事会が全体的な意思決定を行うが、方針決定後の具体的な事業の実施については、行政は直接関与せず、DMOのスペシャリストが自らの責任で実施する仕組みが構築されている[4]。

8　ステークホルダー等に対するDMOの中立性の担保

・多様なステークホルダーが存在し、それぞれの目的が異なるなか、DMOの中立性をいかに保つかは、海外のDMOにおいても永遠のテーマである。

・その際には、「マーケットの消費者ニーズがどうなっているか」を理由として掲げることが有効である。市場調査を実施し、中立性を保つために「マーケットが求めているから仕方がない」という説得の仕方でうまく立ち回ることが1つの解決策である。

9　ブランド確立までの期間とブランド・ツールキットの活用

・ブランドの確立には、3章で10の手法を示した通り、複数のプロセスが

必要であり、計画を立てビジュアルをつくり上げるまでに1年半程度かかり、そこから発展させて定着させるまでにはトータルで2年半から3年のスパンを要する。

・日本では短期での人事異動が多く、出向文化があり、また外部委託も単年度契約が多い。3章の手法3で解説したブランド・ツールキットがあれば、契約期間や担当者の異動に関係なく認識や知見を共有できることになるので有用である。

10　プロモーションの限界

・日本では、単年度予算のため、短期間に成果を出すべく一過性の性質を有するプロモーション（広告、販売促進、パブリシティの誘導等）に頼る傾向が強い。

・いきなりプロモーションが実施され、消費者に向けてダイレクトにブランドを提示するケースが見られるが、取り組みを継続させるためには、ブランディングを入念に行った上で、3章の手法5の通りブランドに適合した行動をとり、サービスを通して訪問者に感動を与えることが必要である。

・プロモーションを一過性のものとしないためにも、3章の手法9で示したKPIを設定し、適切に事後評価をすべきである。

11　動画等へのブランディングの適用

・日本では多数の動画が作成されているが、本来ならDMOが作成したブランド・ツールキット（3章の手法3参照）に基づいてブランドを十分に表現した動画を作成すべきである。しかしながら、日本では発注者であるDMOからブランド・ツールキットが提示されるケースはごく少数で、コンペに勝ち抜いた委託業者のセンスや企画に依存している。

・外国人の目線で見ると、日本のDMOが作成する動画やパンフレット、ポスターの大半が同じに見えると聞く。動画については、例えば、NTOが和食、海山、神社仏閣などの日本を象徴する共通動画として前半を提供し、後半は各地域のDMOが独自のコンテンツを入れていくような方法で

作成すれば、まとまりあるものにすることができる（統合型マーケティング・コミュニケーションの重要性やロゴ等使用のポイントについては、3章の手法4を参照）。

12　内部人材育成の重要性

・現実問題として、日本では専門スキルを有する人材は限られており、DMOの人件費の予算も限られている。したがって、3章の手法7で記述したように、インターナル・マーケティング、つまりDMO内部のスタッフの教育の拡充が現実的であり、すでに採用した人材を内部で教育していく仕組み、ブランドの考え方を理解させていくプログラムの構築が求められる。

・3章の手法5で紹介したように、外資系のホテルやエンターテインメント施設では、スタッフにブランドを守らせる手法が確立されており、クレドを活用するとともに、教育をする人材や教育の仕方に注力している。

13　スペシャリストの確保

・ブランディングやマーケティングを実施していくためには、海外目線で言えば、国籍や宗教、性別、年齢を超えて、社内外を問わず、ブランディング、マーケティング、広告・広報、顧客管理などの専門スキルを持つ人材を積極的に活用していくことが求められる。

・スペシャリスト的人材は短期で転職する傾向もあり、専門スキルを有するスペシャリストと、組織を維持するための固定的人材を、バランスをとりながら配置することが望ましい。その際には、3章の手法3で紹介したブランド・ツールキットを用いて、人の入れ替えがあっても組織として持続性を保つことが重要である。

・日本では、募集要項が総花的であるため、採用後に雇用主と雇用者との間でギャップが発生しやすい。対して、欧米ではポジションが専門化されており、「ジョブ・ディスクリプション（職務記述書）」が準備され、求めるスキル、業務内容、年収、雇用期間、キャリアパス等が詳細に網羅されて

いるため*5、双方のギャップの最小化につながっている。

・業務に応じて外部へ委託することも選択肢の1つであり、必要な才能や専門スキルを速やかに使うことができるメリットがある。

表1　韓国における国家ブランド確立のための仕組み

韓国では、自国の地位・イメージ・国格の向上に向けた強力な体制を構築するため、当時のイ・ミョンバク大統領の主導により、韓国の発展水準に比べて低評価されている国家ブランドの体系的な管理に向け、大統領直属機関として「国家ブランド委員会」を2009年1月に発足させている。

・政府委員13人、民間委員34人の計47委員で構成。

・国家ブランドを決める革新的な要素として5大分野（①国際社会における役割向上、②グローバル市民意識の育成、③多文化の包容、外国文化の理解、④文化・観光の魅力増進、⑤先端技術・製品の広報）を挙げ、各省庁が解決すべき50の推進課題を設定。そのうち特に重要なものと位置づけられている10大課題は以下の通り。

　①国内外での統合ブランディング
　②暖かい多文化社会づくり
　③世界の学生交流
　④大韓民国ブランドの発掘やプロモーション
　⑤国一丸となった経済発展
　⑥大韓民国としてのデジタルコミュニケーションの強化
　⑦韓国語の国外普及・テコンドーの名品化
　⑧自国民に対するグローバル市民意識・文化の醸成
　⑨在外の韓国人ネットワークの構築
　⑩国家ブランド指数開発・運営

イ・ミョンバク政権下では、国家ブランド委員会のほか、周辺組織として2009年に「韓国コンテンツ振興院（Korea Creative Content Agency）」が設立され、人材育成や海外進出をサポートしている。その後、2013年にパク・クネ政権に交代した際、国家ブランド委員会は解散されたが、実行部隊である「韓国コンテンツ振興院」は現在に至るまで存続している。

（出典：内閣官房文化経済戦略特別チーム「平成29年度国家ブランドに関する指標調査最終報告書（2018年5月15日）」および韓国政府のホームページをもとに作成）

14　ブランド統括組織の必要性

・一橋大学の阿久津聡教授は、政府の知的財産戦略本部の権限が限られているため、ブランディングと国家アイデンティティの全体的な管理に関する責任を効果的にとることができなかったという問題点を挙げた上で、国家ブランドを管理する専門機関を設置する必要性を示唆している[6]。

・同様の内容は、内閣官房文化経済戦略特別チームの報告書（2018 年 5 月）においても「政権交代などの影響を受けず、中長期的な位置付けで推進できる座組も並行で整備すべき」[7]と述べられている。

・3 章の手法 6 で示したように、日本の各層の DMO においてもブランドが安定的に統括される組織を構築することが今後の課題と考えられる（表 1、韓国の事例参照）。

（岩田賢）

注
* 1　内閣官房文化経済戦略特別チーム「平成 29 年度国家ブランドに関する指標調査最終報告書（2018 年 5 月 15 日）」
* 2　矢ケ崎紀子著（2017）『インバウンド観光入門　世界が訪れたくなる日本をつくるための政策・ビジネス・地域の取組み』晃洋書房
* 3　池上重輔監修、早稲田インバウンド・ビジネス戦略研究会著（2019）『インバウンド・ビジネス戦略』日本経済新聞出版社、p.193-194
* 4　一般財団法人運輸総合研究所主催「観光・ブランディングに関する国際シンポジウム」（2019 年 3 月 13 日）におけるキース・ディニー氏、マキコ・マツダ・ヒーリー氏発表および資料
* 5　ジョブ・ディスクリプションの例としては、以下を参照いただきたい。
英国政府観光庁　https://www.visitbritain.org/vacancies-page
カリフォルニア州観光局　https://industry.visitcalifornia.com/about/careers
* 6　キース・ディニー編著、林田博光、平澤敦監訳（2014）『国家ブランディング　その概念・論点・実践』中央大学出版部、p.263-264
* 7　前掲＊1

おわりに

　1990年代後半以降、漠然とした不安や行き詰まり感が日本社会に蔓延するなか、インバウンド観光の好調ぶりは、我が国の将来に希望を与えるものであり、日本経済や地域の復活に向けた大きな柱となっている。訪日外客の高みを目指す時代を迎えるにあたり、我々は何をすべきだろうか。

　国際的に認められる真のデスティネーションとなるには、熾烈化している観光地間競争に打ち勝つ必要がある。そこでは、競合との差別化を図り、継続的に優位な立ち位置を保ちつつ、超富裕層や知識層にまで訴求していくことが求められるが、一過性の性質を有するプロモーションに依存していては、いずれ限界が訪れることになる。「真の観光立国に向けて、国際的なデスティネーション競争に勝ち抜けるか」との問いに、我々は的確な答えを持ち合わせているだろうか。

　海外の先進的なデスティネーションは、常に先手を打つ形で動いている。例えば、「単に多くの観光客を誘致するプロモーションの時代は終わった」と表明しているオランダ政府観光局では、オーバーツーリズムへの対応策として、2019年末に観光戦略を大転換させ、住民および地方に恩恵がもたらされる業務に注力する新たな観光戦略を打ち立てている。このことは、国連世界観光機関（UNWTO）が指摘するように、来訪者数を追求するデスティネーション・ブランドから、生活者をも配慮したプレイス・ブランディングへのパラダイムシフトが起きていることを示唆している。

　本書の3章においては、現実問題として日本の各DMOではまだ対応不可能と思われる手法についてもあえて記述している。実際、4章で取り上げた先進的な事例を見ても、すべての手法を用いているDMOは存在しない。しかしながら、先進的な取り組みを実施している海外のDMOでは、本書で紹介した用語や考え方は少なくとも共通言語として認知されている。国際的なデスティネーション競争に参戦するためにはグローバル・スタンダードへの適応が必要であり、こうした事柄も基礎知識として身につけておくことが求められるはずだ。

繰り返しになるが、これからのインバウンド観光には国際競争力が必要である。そのためには、国として、広域として、都市として、観光のみならず分野横断的に連携し、「プレイス・ブランディング」を進めていくことが不可欠である。マーケティングによりニーズやウォンツを把握し、プロモーション等を行い、観光客に「選ばれる」ことが短期的には重要だが、ブランディングにより観光客に「選ばれ続ける」という中長期的視座を忘れてはいけない。

　本書の執筆中に新型コロナウイルスが発生し、世界の観光産業は様々な意味で緊張に直面している。ひとたび状況が回復すると、さらなる国際的な競争力が必要になる。この時期に自身のデスティネーションをじっくり検証し、プレイス・ブランディングを確立させてほしい。そのために本書がお役に立てば大変うれしく思う。

　本書の出版にあたっては、ともに研究を深めた執筆者の皆さん、学芸出版社編集部の宮本裕美さん、森國洋行さんに大変お世話になった。加えて、貴重な示唆をいただいたキース・ディニー教授、UNWTO ハンドブック（2009年）のサマリーを翻訳いただいた UNWTO 駐日事務所、および本書の推薦をいただいた本保芳明駐日事務所代表、また研究会を支援してくれた運輸総合研究所の同僚諸氏に多大なる感謝の念を申し上げる。

　2020 年 4 月

岩田賢

〈著者〉

長崎秀俊（ながさき・ひでとし）　　　　　　　　　　　　　担当：1章、3章1節
目白大学社会学部情報学科教授。同大学院国際交流学科教授。1965年生まれ。明治学院大学経済学部卒業。法政大学大学院経営学修了、博士課程単位取得退学（MBAマーケティング）。大手事業会社を経て、世界最大のブランドコンサルティング企業インターブランド・ジャパンにてストラテジィ・ディレクターを経て、2014年より現職。日本マーケティング学会常任理事。

光畑彰二（みつはた・しょうじ）　　　　　　　　　　　担当：3章2節・10節
株式会社インターブランド・ジャパンCMO。早稲田大学第一文学部卒業。オムニコムグループ広告会社での19年の経験を経て、2004年よりインターブランド・ジャパンに参画。Best Japan Brandsなど日本独自のマーケティング活動をリード。ホスピタリティ、自動車、金融、食品・飲料、住宅・不動産をはじめ幅広い業種でのブランディングプロジェクトの経験を有する。

山本さとみ（やまもと・さとみ）　　　　　　　　　　担当：3章4節・5節、4章6節
ダブルシックス・マーケティング代表。東京成徳大学経営学部講師。1965年生まれ。青山学院大学大学院国際マネジメント研究科修了。経営管理修士(MBA)。ウォルト・ディズニー・デスティネーションズにてマーケティング・マネジャー、アラスカ観光協会、オーランド観光局、グアム政府観光局の日本代表を務める。リッツカールトン東京、ヒルトン東京ベイではマーケティング部の責任者として従事。

武田光弘（たけだ・みつひろ）　　　　　　　　　　　　担当：3章7節、4章3節
愛知県観光コンベンション局観光推進監。1967年生まれ。青山学院大学経済学部卒業。国際ロータリー財団より親善奨学金を得て米国ジョージワシントン大学スクールオブビジネス修了。ニュージーランド政府観光局、タヒチ観光局、香港政府観光局において観光マーケティングに従事。2017年から日本政府観光局に勤務、2018年より現職。

辻野啓一（つじの・けいいち）　　　　　　　　　　　　担当：3章8節、4章5節
流通経済大学社会学部国際観光科教授。1952年生まれ。東京外国語大学英米科卒業。株式会社日本交通公社（現：JTB）入社。JTBサンフランシスコ支店、香港支店長、アジア支配人室（在シンガポール）企画部長、JTBハワイ社長と18年間海外業務に従事。2014～19年NPO法人日本エコツーリズム協会の理事・事務局長。2019年4月から現職。

佐野直哉（さの・なおや）　　　　　　　　　　　　　　　　　担当：4章1節
上野学園大学音楽学部准教授。1969年生まれ。青山学院大学大学院総合文化政策学研究科および英国王立音楽大学大学院オルガン科修了。日系レコード会社での国際渉外業務を経て、ブリティッシュ・カウンシルおよび駐日英国大使館広報部にてマーケティング・マネジャーとして勤務。2017年より現在まで青山学院大学総合文化政策学部非常勤講師、2019年より現職。

加藤英彦（かとう・ひでひこ）　　　　　　　　　　　　　　　担当：4章7節
岐阜県商工労働部海外戦略推進課インバウンド推進監。1971年生まれ。南山大学法律学部卒業。1994年株式会社ジェイティービー（JTB）入社。アトランタ五輪での長野五輪PRなど10年間勤務した後、2004年に岐阜県庁へ入庁。2011年から4年間、日本政府観光局シンガポール事務所へ派遣となり、訪日促進に尽力。2015年に岐阜県へ戻り、2019年より現職。

西松卓哉（にしまつ・たくや）　　　　　　　　　　　　　　　担当：4章8節
京都市産業観光局観光MICE推進室観光戦略課長。1971年生まれ。同志社大学商学部卒業。ジョージワシントン大学大学院観光管理学科修了。1995年京都市役所入庁。観光振興課国際事業係長、日本政府観光局ニューヨーク事務所出向などを経て、現職にて観光振興計画、観光調査などを担当。

〈編著者〉

宮崎裕二（みやざき・ゆうじ）　　　担当：はじめに、2 章、3 章序文・3 節・9 節、4 章序文・2 節・4 節
東洋大学国際観光学部専任講師。プレイス・ブランディング研究会座長。2000 年法政大学経営学
修士（MBA）。大手総合電機メーカーのマーケティング職を経て、英国政府観光庁、日本政府観光局、
カリフォルニア州観光局マーケティング・ディレクター。国家ブランド戦略クール・ブリタニアや
カリフォルニア・ドリーム・ビッグのマーケティングやブランド・マネジメントに従事。2019 年
より現職。

岩田賢（いわた・けん）　　　担当：3 章 6 節・8 節、4 章序文、5 章、おわりに
一般財団法人運輸総合研究所主任研究員、企画部長。1972 年生まれ。一橋大学経済学部卒業。ロ
ンドン・スクール・オブ・エコノミクス（LSE）規制学修士。1996 年運輸省（現：国土交通省）
に入省し、交通、観光担当を経て、2012 年三重県庁雇用経済部観光局次長、2014 年日本政府観光
局本部およびニューヨーク事務所長を歴任。2018 年より現職。

DMO のプレイス・ブランディング
観光デスティネーションのつくり方

2020 年 6 月 15 日　初版第 1 刷発行

編著者	宮崎裕二・岩田賢
著者	長崎秀俊・光畑彰二・山本さとみ
	武田光弘・辻野啓一・佐野直哉
	加藤英彦・西松卓哉
発行所	株式会社 学芸出版社
	京都市下京区木津屋橋通西洞院東入
	電話 075-343-0811　〒 600-8216
発行者	前田裕資
編集	宮本裕美・森國洋行
装丁	上野かおる
DTP	梁川智子（KST Production）
印刷・製本	モリモト印刷

DMO　観光地経営のイノベーション

高橋一夫 著　2400円＋税

観光地域づくりの舵取り役としてマーケティングとマネジメントに取り組む組織「DMO」。
DMOの研究と実践に取り組んできた著者が、観光地経営のプロ組織としてのDMOを、海外
と日本の先進事例を踏まえて紹介。地方創生に向けた観光振興の中心施策として続々と誕生
する日本版DMOの確立・運営のポイントを導く。

オーバーツーリズム　観光に消費されないまちのつくり方

高坂晶子 著　2300円＋税

観光客が集中し、混雑や騒音、地価高騰、地域資源の破壊といったダメージをもたらすオー
バーツーリズム。国内外で発生している要因、実態、対策を多数の事例から解説し、ソーシャ
ルメディアの影響やICT・AIの活用など新しい動きも紹介。旅行者の満足度を高め、地域が
観光の利益を実感できるまちのつくり方を探る。

ドイツのスポーツ都市　健康に暮らせるまちのつくり方

高松平藏 著　2500円＋税

ドイツではスポーツが生活に密着し、街を動かすエンジンになっている。多彩なNPOがクラ
ブを運営し、走りたくなる自転車道や歩道も完備され、集客イベントだけでなく、マラソン、
サイクリングなど健康・余暇の運動も盛んで、地元企業の支援も厚い。スポーツ人口を増やし、
健康に暮らせる街に変えた10万人の地方都市の実践。

デンマークのスマートシティ　データを活用した人間中心の都市づくり

中島健祐 著　2500円＋税

税金が高くても幸福だと実感できる暮らしと持続可能な経済成長を実現するデンマーク。人々
の活動が生み出すビッグデータは、デジタル技術と多様な主体のガバナンスにより活用され、
社会を最適化し、暮らしをアップデートする。交通、エネルギー、金融、医療、福祉、教育
等のイノベーションを実装する都市づくりの最前線。

ポートランド　世界で一番住みたい街をつくる

山崎満広 著　2000円＋税

この10年全米で一番住みたい都市に選ばれ続け、毎週数百人が移住してくるポートランド。
コンパクトな街、サステイナブルな交通、クリエイティブな経済開発、人々が街に関わるし
くみなど、才能が集まり賢く成長する街のつくり方を、市開発局に勤務する著者が解説。ア
クティビストたちのメイキング・オブ・ポートランド。